NO TENGAS MIEDO
DE QUE TU VIDA
TERMINE, SINO DE
QUE NUNCA HAYA
COMENZADO

Título original: Ne crains pas que ta vie prenne fin un jour mais plutôt qu'elle n'ait jamais commencé, de Laurence Luyé-Tanet
Traducido del francés por Cristina Brodin-Valero
Maquetación: Toñi F. Castellón

© de la edición original
   Dunod, 2019, nueva presentación, Malakoff

© de ilustraciones de interior y de portada
   Caroline Joubert

© fotografía de la autora
   Gaëllebcphotographe

© de la presente edición
   EDITORIAL SIRIO, S.A.
   C/ Rosa de los Vientos, 64
   Pol. Ind. El Viso
   29006-Málaga
   España

www.editorialsirio.com
sirio@editorialsirio.com

I.S.B.N.: 978-84-18531-77-4
Depósito Legal: MA-11-2022

Impreso en Imagraf Impresores, S. A.
c/ Nabucco, 14 D - Pol. Alameda
29006 - Málaga

Impreso en España

Puedes seguirnos en Facebook, Twitter, YouTube e Instagram.

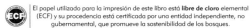

El papel utilizado para la impresión de este libro está **libre de cloro** elemental (ECF) y su procedencia está certificada por una entidad independiente, no gubernamental, que promueve la sostenibilidad de los bosques.

Laurence Luyé-Tanet

NO TENGAS MIEDO DE QUE TU VIDA TERMINE, SINO DE QUE NUNCA HAYA COMENZADO

EDITORIAL
SIRIO

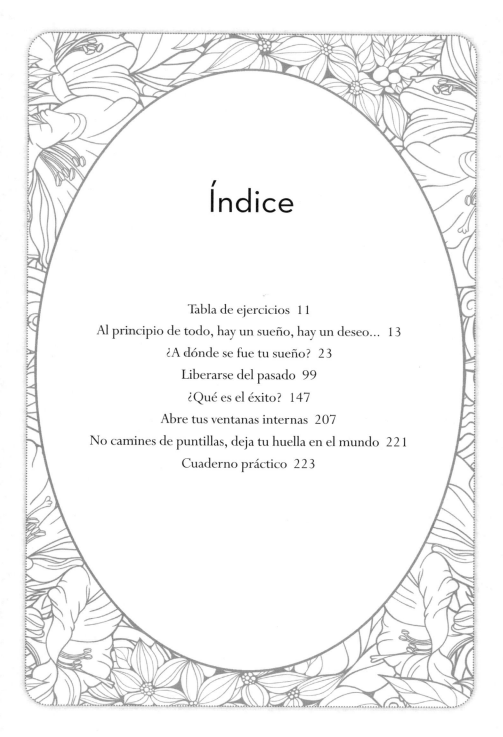

Índice

Tabla de ejercicios

Al principio de todo, hay un sueño, hay un deseo...

Me gustaría hacerte un par de preguntas: ¿qué tal si todos dejáramos de cerrarle la puerta en las narices a nuestra vida?, ¿qué pasaría? ¿Qué tal si tú dejaras de hacerlo?

No me han entrado ganas de escribir simplemente otro libro, lo que deseo es transmitirte todas las claves para que no desaproveches tu vida. Yo misma he perdido demasiado tiempo, así que hoy me ciño a mi vocación: acompañarte hacia una vida de éxito.

No he inventado nada, escribo este libro a raíz de mi experiencia y lo que sé. En un principio fueron el yoga y el mundo de la espiritualidad los que me animaron. Después me sumergí en mi formación en psicología y estudié psicopatología. Dejé de lado ciertos aspectos a los que me aferraba. Nadie me lo pidió pero mi manera de asimilar las cosas en aquella época era un poco radical y sobre todo era de vital importancia para mí obedecer ciertas creencias. Estas estaban en contradicción con lo que yo era, no tenían nada que ver con aquello a lo que yo aspiraba, pero para hacer las cosas «como Dios manda», me obstinaba siguiendo la rama científica. Hasta que un día llegué a un cierto nivel de agotamiento que me hizo considerar la posibilidad de dejarlo todo profesionalmente hablando.

En mi vida profesional he tenido tanto bloqueos como momentos en los que todo aquello que deseaba se hacía realidad. ¿Por qué funcionaba unas veces sí y otras no?

Investigué más a fondo el asunto porque quería saber qué era reproducible (y cómo) y qué no. Me incliné entonces por la dinámica de la motivación y el éxito. La investigación del funcionamiento mental y energético y su impacto en nuestras vidas se convirtió en una verdadera pasión. Gracias a programas a los que asistí en Estados Unidos y Canadá, pude avanzar en mi cuestionamiento. Aprendí a reajustar ciertos puntos de vista para ir en la dirección de aquello a lo que yo realmente aspiraba. Aprendí a aplicar aquello que ya conocía. Reajusté mi relación con la espiritualidad para darle el espacio que siempre ha ocupado en mi vida. A partir de ahí, el cambio ha sido rápido y me he sentido en sintonía conmigo misma.

EL CAMBIO PUEDE SER RÁPIDO
PARA TI TAMBIÉN SI DEJAS
DE CERRARLE A TU VIDA LA
PUERTA EN LAS NARICES.

«No temas que tu vida llegue un día a su fin, sino más bien que nunca haya comenzado».
John Henry Newman*

Algunos dirán que la vida es breve; ¡es sobre todo imprevisible!

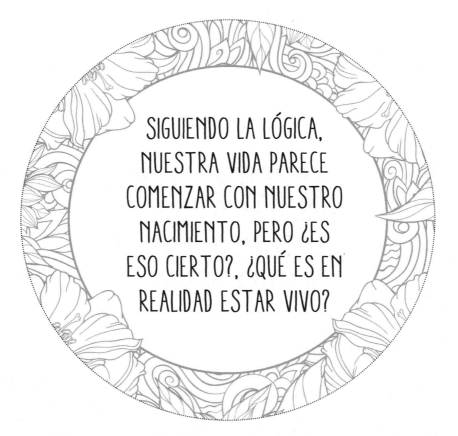

SIGUIENDO LA LÓGICA, NUESTRA VIDA PARECE COMENZAR CON NUESTRO NACIMIENTO, PERO ¿ES ESO CIERTO?, ¿QUÉ ES EN REALIDAD ESTAR VIVO?

Todos somos *traders*,** la cuestión está en saber ¡a cambio de qué intercambiamos nuestra vida!

---

* N. de la A.: Filósofo, escritor y teólogo inglés del siglo XIX. La cita ha sido extraída de su obra *Loss and Gain* [Perder y ganar], publicada en 1848.

** N. de la T.: En inglés en el original. En el ámbito económico, *trader* es todo aquel inversor o especulador que opera en los mercados financieros con la finalidad de obtener beneficios a corto, medio o largo plazo.

LA CUESTIÓN ESTÁ EN
SABER A CAMBIO DE
QUÉ INTERCAMBIAMOS
NUESTRA VIDA.

Triunfo, *éxito*, ¿qué te evocan estas palabras? Hay para quien, de este lado del Atlántico, tener éxito y triunfar está bastante mal visto, y sin embargo...

¿Nunca te has preguntado por qué los programas de telerrealidad tienen tanto éxito? Porque ofrecen una realidad de ensueño tanto a los candidatos como a los telespectadores. Y ese sueño se basa en algo que todos tenemos: el deseo de triunfar, el deseo de ser felices. No solo lo deseamos, sino que es el fundamento de cualquier vida.

¿Nunca te has imaginado que un hada madrina, de un golpe de varita mágica, transforma tu vida y esta se convierte en todo aquello que siempre has soñado? ¿Sabías que estudios de psicología positiva demuestran que el factor *soñar*, en el sentido de perseguir sueños motivadores, es uno de los componentes esenciales de la felicidad?

¿No existen áreas en tu vida que querrías transformar para que estén en consonancia con tus sueños, con tus deseos más profundos, pero no sabes cómo hacerlo?

¿Tienes la impresión de que tu vida es una concatenación de insatisfacciones, de sueños que no se realizan?

¿Aspiras a una vida mejor, más plena y enriquecedora, pero no sabes lo que quieres?

CADA UNO DE NOSOTROS
PUEDE VER SUS SUEÑOS
HECHOS REALIDAD.
CADA UNO DE NOSOTROS
PUEDE ACCEDER A UNA
VIDA MEJOR EN TODOS
LOS ASPECTOS.

Aprender a mirar en la dirección correcta, salir de la zona de confort, sentir entusiasmo y dinamismo, tener una vida en la que cada área esté en equilibrio es posible.

Hoy escribo este libro, una especie de manual del Saber Vivir, debido a que durante mucho tiempo no creía en mis sueños, miraba en la dirección opuesta y la insatisfacción crecía y crecía.

He aprendido a utilizar mi potencial, he aprendido a pensar correctamente, he aprendido a bailar con el universo, y mi vida ha cambiado. No solamente mi vida sino también la de las personas a las que acompaño. Entonces, ¿por qué no también la tuya?

Imagino que para algunos esto va a parecer inalcanzable, demasiado complicado. Tranquilízate, no es nada difícil. Solo tienes que entender algunas cosas y replantearte tu manera de ver y de pensar.

Muchas personas están en la vida, pero no están «vivas». Yo formo parte de esas que vivían su vida «por defecto». Trabajé en un centro de ayuda a toxicómanos, por lo que he acompañado a personas que, en un momento de sus vidas, han conocido el infierno de la droga. Trabajamos enormemente sobre el momento en el que todo cambió, sobre aquello que intentaban compensar, aquello que buscaban. Siempre comprendí y sentí lo que les ocurría porque yo lo he vivido de cierta manera. Nunca he tomado drogas, ni siquiera he fumado hierba. No me hacía falta porque, durante años, no estaba presente. Estaba en las nubes, como se suele decir. Comenzó desde que era niña. Tenía la capacidad de «largarme» de mi cuerpo y, por extraño que parezca, me sentía al mismo tiempo completamente encarnada y sentía que se lo debía al deporte que practicaba. El movimiento, el deporte, me eran vitales. Más tarde comprendí que eran mi amarre a la tierra. Había encontrado un equilibrio entre el mundo espiritual y el mundo material. Es como si hubiera dos partes dentro de mí, una que estaba ahí y la otra que no estaba. «En este *absentismo* de mi cuerpo», yo vivía estupendamente mi gran sensibilidad y mi faceta de médium, y me fueron de gran ayuda. Sin embargo, el lado menos grato era esta vida por defecto que también me hizo conectar con aspectos mucho menos agradables, lo que en psicología junguiana se consideran partes del inconsciente colectivo. Y yo no era consciente de esto porque los «traía» al plano material a través de las emociones.

«Aprendí» las leyes espirituales durante años gracias a mi práctica del yoga sin ponerlas en práctica realmente porque, como la mayoría, todavía vivía en la separación de la materia y el espíritu. Desperté, por así decirlo, cuando volví a conectar lo material con lo espiritual. Es decir, cuando integré en mi vida las leyes espirituales, cuando, aunque pueda parecer paradójico, me encarné. No solo me he despertado, sino que se ha convertido en una pasión que sigo profundizando y transmitiendo, en particular en el ámbito profesional. Cada vez se habla más del vínculo entre la mente y el cuerpo, sobre todo en lo que respecta a la salud, pero todavía seguimos en la separación de lo material y lo espiritual. En este libro, es de la espiritualidad de lo que voy a hablarte. La espiritualidad no es la religión, no es una fuerza ajena a ti, no es un hombre con barba sentado en una nube, no es un concepto esotérico... El reino espiritual comienza con las leyes del espíritu. La espiritualidad está en ti, no fuera de ti, y no necesita a la religión. La espiritualidad es el fundamento del éxito y el cambio, es el fundamento de la felicidad.

Este libro es como un escáner que te permite conectarte con tus sueños, con tus aspiraciones más profundas, esas que amplían el *zoom* en las ventanas que hay que abrir para avanzar hacia los cambios que deseas. He incluido algunos ejercicios con el fin de permitirte establecer las bases de tu camino hacia la felicidad y el éxito en tu vida.

¿A dónde se fue tu sueño?

«Sueño con que mis cuatro hijos pequeños vivirán un día en una nación donde no serán juzgados por el color de su piel, sino por el valor de su carácter. ¡Hoy tengo un sueño!».

Extracto del discurso de Martin Luther King del 18 de agosto de 1963

Estoy convencida de que un día, tú tuviste un sueño. ¿Dónde está ahora?, ¿en qué se ha convertido?, ¿se ha realizado? Seguramente no, si tienes este libro en tus manos.

En realidad, te has alejado... de tu alma, de tu fuente... de tu Ser... de tu misión... Llámalo como quieras, pero yo diría que te has perdido por el camino. Como en el cuento de Pulgarcito, esta primera parte va a ayudarte a encontrar las claves del camino hacia tu alma.

PERO, EN REALIDAD, ¿QUÉ ES UN SUEÑO?

Cuando hacemos esta pregunta, lo primero que nos viene a la cabeza es el sueño que hemos tenido durante la noche. Y como todo el mundo sabe, no tiene existencia intrínseca. Podríamos decir que el sueño es únicamente interesante en una sesión de psicoanálisis. Sin embargo el sueño nocturno, incluso en su forma simbólica, es uno de los caminos que conducen a tu interior. Revela zonas que no conoces. Tenemos tendencia a no darle importancia cuando en realidad es el nexo entre tu conciencia y tu inconsciente. Pero no te preocupes, no te voy a pedir que analices tus sueños o que los anotes; lo que quiero es que comprendas algo fundamental.

LOS SUEÑOS, SEA CUAL SEA SU FORMA, SON UNA PARTE DE TI Y LA CLAVE DE LO QUE ERES. EL SUEÑO ES LA PUERTA DE TU ALMA, EL ACCESO DIRECTO A LO QUE ERES.

Lo que quiero decir es que tal y como la gran mayoría de las personas pasan por alto sus sueños nocturnos, otra gran mayoría deja sus sueños diurnos evaporarse sin haberlos aprovechado.

Es como una vocecita interior que dice: «Oh, no es más que un sueño» o «Los sueños no se realizan» o «¿Quién te crees que eres para soñar eso?; no es para ti». Y ya está, cierras esa puerta. Pero a veces el sueño te persigue y tú sigues sin creer en él porque no es más que un sueño. De todas formas, solo los otros pueden ver hecho realidad un sueño como el tuyo porque para ellos es una realidad y no un sueño. Si piensas así, no solamente estás cerrando la puerta a tu sueño, sino que le estás dando a tu vida con la puerta en las narices.

Precisión importante

En determinados momentos, utilizo palabras como *Dios* o *alma*. Las he elegido por comodidad y como referencia a conceptos pero no en relación con una religión en concreto. Los conceptos a los que me refiero a lo largo de estas páginas se dirigen a ti fuera de toda práctica, ya sea esta religiosa o no. Por lo tanto, siéntete libre de utilizar la palabra que más resuene en ti.

·····································
LA REALIDAD VIENE DEL SUEÑO
·····································

«Aquel que no deja que la realidad importune sus sueños es sabio».
Christiane Singer, *La mort viennoise*

Todos nosotros tenemos a nuestro alrededor objetos tan comunes como sillas y mesas. Pues bien, ¿sabías que antes de llegar a tu salón estos muebles fueron soñados? Hubo personas que tuvieron la idea... dentro de su cabeza, para después diseñar las imágenes. La silla, la mesa, el jarrón, el vestido, los zapatos, el coche... todo lo que posees pasó del sueño de su creador a un dibujo sobre papel o en el ordenador a partir del cual el objeto pudo ser realizado.

Desde la noche de los tiempos, todo aquello que nos rodea ha sido imaginado. En otras palabras, nada puede existir sin haber sido soñado antes, y esto se aplica a cualquier ámbito. Ya sea el sector del automóvil, el sector de la moda, el sector inmobiliario, la alta tecnología, la industria cinematográfica, la industria farmacéutica, una novela..., todo partió de una idea.

LAS IDEAS SE INFILTRAN EN LOS SUEÑOS, LOS SUEÑOS SE NUTREN DE IDEAS. LOS SUEÑOS Y LOS PENSAMIENTOS SON HERMANOS GEMELOS.

Si el proceso de creación parte de un sueño, ¿por qué tu vida tendría que ser una excepción?

Voy incluso a pedirte que vayas más lejos en lo que respecta a la creación. Te invito a embarcarte en la gran pregunta de la creación del universo. La Biblia nos dice que Dios creó al hombre (el ser humano) a su imagen y semejanza pero, antes que al hombre, Dios creó el mundo. Aquellas personas a las que el término Dios os moleste, podéis sustituirlo por *Universo* o *Energía Creadora*, pero lo que me gustaría es que penséis en esto: si todo lo que nos rodea fue creado antes que nosotros y si nosotros fuimos creados a imagen y semejanza de Dios, ¿no quiere eso decir que nosotros también disponemos de ese fabuloso poder de creación? ¿Que nosotros también tenemos la posibilidad de crear un universo a nuestra imagen?

Estoy de acuerdo, es vertiginoso. Sin embargo, se trata exactamente de eso.

TU PRIMERA HERRAMIENTA ES POR LO TANTO TU IMAGINACIÓN.

Te propongo reflexionar sobre este texto de Marianne Williamson, famosa escritora estadounidense que inspiró a Nelson Mandela; el texto está extraído de su libro *Volver al amor*.

Nuestro miedo más profundo no es que no seamos perfectos...

Nuestro miedo más profundo es el de ser poderosos más allá de lo que se puede medir.

Es nuestra luz, no nuestra oscuridad, lo que más nos asusta.

Nos preguntamos: ¿quién soy yo para ser brillante, maravilloso, fabuloso y con talento?

Cuando, en realidad, ¿quién eres tú para no serlo? Eres hijo del universo.

De nada sirve al mundo el hacerte pequeño.

No hay nada de iluminador en encogerte para que otras personas a tu alrededor no se sientan inseguras.

Todos estamos destinados a brillar tal y como lo hacen los niños.

Nacimos para poner de manifiesto la gloria del universo que está dentro de nosotros.

No está solamente en algunos de nosotros; está en todos nosotros.

Y mientras dejamos lucir nuestra propia luz, inconscientemente damos permiso a otras personas para que hagan lo mismo.

Y al liberarnos de nuestro propio miedo, nuestra presencia libera automáticamente a los demás.

Ahora hagamos un paralelismo para que puedas comprender la fuerza y la importancia de tu imaginación. Estamos en la era de Internet. La mayoría de nosotros utilizamos un ordenador o tableta... Pero, más allá de este material, está tu operador de Internet y, aún más allá, toda la red que permite, gracias a enormes plataformas y repetidores, que podamos comunicarnos virtualmente a través del mundo. Esto quiere decir que gracias a lo virtual (algo que es intangible), obtenemos resultados concretos. Cada día, gracias a Internet, una cantidad infinita de posibilidades de comunicación tiene lugar.

Lo mismo sucede con tu imaginación. Nuestro ordenador central es nuestro cerebro conectado al sistema nervioso, en la parte material a través de «plataformas» que llamaremos conexiones neuronales. Este conjunto forma un sistema eléctrico tangible y que se puede medir (electroencefalograma, electrocardiograma...). Nuestra imaginación es una facultad de nuestro sistema mental que sirve para enviar y recuperar información. Es como si nuestro cerebro estuviera conectado de una manera determinada para enviar (una forma de codificación) y recuperar información de orden sutil (virtual) para retransmitirla de modo tangible. Debemos descifrar toda esa información que nos viene en forma de ideas, intuición, imágenes... y utilizarla. Nuestra mente es un conjunto de facultades de las cuales la imaginación, la intuición, la voluntad... forman parte. Debemos por tanto aprender a utilizar estas facultades correctamente.

TODO ES ENERGÍA, TODO ES VIBRACIÓN

«Lo mejor y lo peor no son sino la cara y la cruz de lo mismo».
Christiane Singer, *Seul ce qui brûle*

Como ser humano, tu forma física es una densificación de energía, pero no solo está el aspecto físico. También están la mente, las emociones y el ámbito espiritual, y todo ello responde igualmente a leyes de energía, en concreto en términos de «frecuencia».

Somos energía y vivimos en un baño de energía, el universo. La particularidad de la energía es que es «viviente», se mueve, vibra en determinadas frecuencias.

En lo que respecta a la materia, esta se compone de átomos que, según su organización, darán una forma específica con su propia frecuencia vibratoria. De esta forma, a nivel atómico, no existen diferencias entre una mesa y tú, entre este libro y tú. La energía original es la misma, pero los átomos están organizados de forma diferente, lo que hace que tú no te parezcas más a una mesa que a este libro. La materia es energía densificada. Todo es energía, y esta vibra desde lo más sutil hasta lo más denso, que es la materia.

En medio de todo este mundo energético, también existe una diferencia, y es que tú eres materia que piensa. Tu mente y tus emociones son lo que hacen la diferencia, son ellos los pilares en lo relativo al resultado que quieres obtener.

Como una radio para la cual vas a captar diferentes cadenas en función de la longitud de la onda en la que te conectas, lo mismo ocurre con tus pensamientos y emociones.

Pensamientos, emociones y sentimientos son también energía, más sutil que la de tu cuerpo, palpable en términos de «sentir» en cuanto al aspecto más material, pero poseyendo al mismo tiempo un aspecto más sutil. En términos de pensamientos y emociones, se puede decir que hay altas y bajas frecuencias. Dicho de otra manera, nos vamos a referir a pensamientos y emociones positivos o negativos.

Si eres más bien pesimista, significa que has enchufado tus frecuencias mentales a una cadena de baja frecuencia. Si lo que domina tu manera de actuar es más bien el optimismo, estás conectado con la alta frecuencia.

A veces puede sentirse como un verdadero caos interior a través del cual es complicado encontrar el camino. Las personas que están en mayor medida conectadas a las bajas frecuencias (miedos, dudas, cólera...) tienen dificultades para conectarse con las altas frecuencias. Sin embargo, es posible, no hay nada permanente, sea cual sea tu historia. Tampoco estoy diciéndote que deberías practicar a tope lo que yo llamo el pensamiento positivo. Lo que te invito a hacer es a cultivar un campo de pensamiento y emociones que esté conectado con altas frecuencias. Puedes aprender a hacerlo, este libro te ayudará.

Para ser más exacta, estaría mejor decir que se trata de cultivar una actitud mental positiva o negativa.

Cultivar una actitud mental negativa es cuando la duda y el miedo predominan y marcan la dirección de tu manera de actuar. Cuando navegas en este espacio, estás en lo que llamo restricción de vida. En general buscamos soluciones a partir de nuestras dificultades, por tanto, a partir de un espacio restringido y ya perteneciente al pasado.

Cuando cultivas una actitud mental positiva, ello no te evita el encontrarte con dificultades en la vida, pero tu estado de ánimo está impregnado de mucha más confianza. Te encuentras por consiguiente en un estado de apertura a través del cual las soluciones pueden llegar. Dejas espacio para que el futuro y el cambio formen parte de tu vida. Tu espacio es el del presente a través del cual puedes transformarlo todo.

En la actualidad, la neurociencia destaca el impacto que tiene nuestra forma de pensar en nuestra calidad de vida, pero este conocimiento existe desde hace milenios gracias a disciplinas tradicionales como el yoga, el taichí y el *qi gong*.

Una de las primeras cosas que se me quedaron grabadas durante mi formación de profesora de yoga fue que:

AHÍ A DONDE VA EL PENSAMIENTO, VA LA ENERGÍA.

Si bien es cierto que esta frase me llamó la atención, tuvieron que pasar unos cuantos años antes de comprender lo que esto quería decir realmente. Lo aprendí a costa de mis errores, pero podía haberlo hecho de otra manera, justamente si hubiera comprendido el proceso energético que se situaba en el corazón de mis pensamientos y emociones y, por supuesto, hubiera trabajado en ese sentido. Hoy en día, es lo que se sitúa en el centro de mi trabajo. Cuando hablamos de la energía de los pensamientos y emociones, estamos hablando de su vibración, ya que cada uno de ellos (emoción, pensamiento) corresponde a una vibración en particular. Lo que se atrae, en forma de «pregunta-respuesta», son las vibraciones. Todo sucede a nivel vibratorio, pero nosotros únicamente percibimos la manifestación en el plano material. Se puede hablar de planos de conciencia que podemos cambiar si cambiamos nuestra actitud ante la vida, y ello pasa por nuestros pensamientos y emociones. A la inversa, modifica tus pensamientos y emociones y tu actitud ante la vida cambiará.

Cuando estamos conectados a lo negativo, la mayoría de las experiencias que tendremos serán negativas. Si tenemos la capacidad de abrirnos, de conectarnos a lo positivo, nuestras experiencias serán positivas y todo lo negativo tendrá menos impacto.

Todo ello depende del valor que demos a nuestras experiencias y de nuestra visión de las cosas. De esto me di cuenta muy pronto, con veintidós años. Me había casado muy joven y me divorcié tan solo unos meses más tarde. Charlando con una dependienta que conocía y que estaba al tanto de mi divorcio, esta me dijo: «Se puede decir que empiezas con mal pie en la vida», a lo que respondí: «¿Por qué? Fue mi elección y es pura libertad». Me di cuenta de que la perturbé, se quedó sin palabras. En ese momento comprendí que cada uno veía la vida desde su punto de vista y que podíamos elegir nuestra vida con respecto a lo que deseábamos.

No solamente todo es energía, sino que además... puedes dar marcha atrás en todo momento. ¿Por qué? Porque en un principio la energía es un todo que contiene las dos polaridades a las cuales damos los valores positivo y negativo. En consecuencia, podemos pasar de un polo al otro. Nada está predeterminado, puedes modificar tus esquemas mentales y de acción. Esos esquemas se llaman paradigmas, y puedes cambiar de paradigma como veremos más adelante.

Pensamiento positivo y pensamiento negativo

Quizás tengas a tu alrededor a personas que dicen practicar el «pensamiento positivo». Frente a este tipo de personas, seguramente te sientes culpable por tener pensamientos negativos a veces, ya que, según su discurso, si todavía te encuentras en ese punto significa que tu evolución espiritual aún no está muy avanzada. Los consejos son sencillos, basta con centrarse en el lado positivo de todo aquello que se presenta y pensar en positivo. Pero desgraciadamente aún no has llegado a ese punto... y de hecho menos mal que aún no. Ver la vida de esa manera es rechazar la realidad. En efecto, se trata de un rechazo de los estados de ánimo que se presentan y que son perfectamente normales.

Es completamente normal que, ante ciertas situaciones, sientas cólera, miedo o tengas dudas... No solo es normal, sino que es signo de estar equilibrado.

Por el contrario, algunas personas tienen tendencia a ser lo que llamamos pesimista u optimista. Esto no quiere decir que un optimista no tendrá nunca dificultades en su vida o que jamás tendrá dudas... La diferencia se encuentra en nuestra capacidad de actuación ante un acontecimiento. Si la tendencia es más bien positiva, tendremos más recursos internos que si es negativa.

Este filtro que te lleva a ver la vida ya sea desde una perspectiva del vaso medio lleno (positiva) o del vaso medio vacío (negativa) tiene sus raíces en tu historia, es decir, en tu pasado, en los acontecimientos que has vivido, la manera en la cual hiciste frente a las dificultades, tus emociones, tus pensamientos... A esto se añade a menudo el entorno en el que hemos crecido. Si hemos tenido un familiar que afrontó un acontecimiento difícil de manera constructiva, es muy posible que eso nos haya servido de «modelo». No hay nada insalvable y los acontecimientos difíciles no tienen por qué atraparte en una actitud negativa o que te impida progresar. Por supuesto, todo esto se hace de manera inconsciente, pero...

RECUERDA BIEN
LO SIGUIENTE:
INCLUSO SI SUELES TENDER A
LO NEGATIVO, PUEDES CAMBIAR.
EL ENTORNO, TU HISTORIA
NO TE DETERMINAN.
NECESARIAMENTE TAMBIÉN HAS TENIDO
MODELOS POSITIVOS A TU ALREDEDOR.
NO CONFUNDAS POSITIVO CON
CONSTRUCTIVO.

Desarrollar una actitud mental constructiva

Afrontar la vida en términos positivos o negativos significa cultivar una visión binaria que no deja mucho espacio para los matices.

En realidad, ningún hecho es positivo o negativo en sí mismo. El hecho acontece y punto. Somos nosotros los que le damos un aspecto a través de nuestras emociones, sentimientos y apreciaciones. Dos personas reaccionarán de manera diferente ante el mismo acontecimiento. A veces, algunos se sentirán desolados frente a algo que a nosotros nos parece perfectamente superable, mientras que otros lograrán encontrar recursos frente a un acontecimiento extremadamente doloroso.

Es por ello por lo que la expresión *actitud mental constructiva* me parece más adecuada que la de *actitud mental positiva*. Tener una actitud mental positiva podría hacer pensar que vamos a negar todo aquello que emana del acontecimiento, es decir, el sufrimiento, la angustia..., todo aquello que podríamos calificar de negativo. Actuar así puede incluso acarrear graves consecuencias más adelante. Lo primero es aceptar lo que ha ocurrido. Sea cual sea el acontecimiento, todo ser humano tiene emociones y sentimientos de manera espontánea, sin pensar. Es una respuesta neurofisiológica.

Sin embargo, esta respuesta puede ser a veces extrema, inadaptada a la situación, o tener tendencia a producirse siempre de la misma manera... En ese caso, estás siguiendo un paradigma, un esquema de funcionamiento. Aceptar lo que ha ocurrido y, sobre todo, aceptar el desconcierto que genera en nosotros es un paso ineludible. En mi opinión es el punto de partida hacia el cambio. No puedes cambiar nada que no hayas constatado antes.

ACEPTAR TAMPOCO QUIERE DECIR RESIGNARSE E INSTALARSE AHÍ TODA LA VIDA.

Ahí está la segunda clave para poder cambiar tus esquemas mentales.

El primer ejemplo que me viene a la cabeza es el de la adicción. No puede haber cambio si no se aceptan antes los hechos. Es el punto de partida del proceso del cambio. Es lo mismo para todo. Mientras no aceptes lo que ocurre, incluso si es doloroso, el proceso de cambio se tornará difícil, si no imposible.

Una vez hecha esta constatación, podrás poner en marcha una actitud diferente que te permitirá avanzar en la dirección que deseas, ya que sabrás a lo que te enfrentas. Me parece necesario aportar aquí una precisión suplementaria, ya que cuando digo «sabrás a lo que te enfrentas», alguien podría tener quizás un reflejo «analítico», el de buscar el «porqué». Sin embargo, si lo que sientes es miedo, la cuestión no es saber por qué, sino más bien reconocer la existencia de ese miedo. Conocer el motivo te mantiene en el exterior ya que atribuyes tu miedo a una cosa o a un hecho. No obstante, ser consciente de tu miedo te permite conectarte contigo mismo y trascenderlo para transformarlo.

A partir de esta constatación, busca lo que puedes hacer, aquello en lo que te puedes comprometer, y orienta tu atención hacia algo «positivo», es decir, *algo que va en la dirección en la que quieres ir*. De eso se trata cuando se habla de tener una actitud mental constructiva. Con la constatación, incluso dolorosa, te abres hacia una dirección diferente. En ese momento se producen cambios, las oportunidades llegan. No por arte de magia, sino porque observaste lo que pasaba y lo aceptaste. Este punto es necesario para entrar en acción ya que antes de la acción, es tu energía lo que entra en juego.

Recuerda que una emoción, sea del tipo que sea, es energía. Esa carga energética impacta en nuestras células de diferente manera según la emoción de la que se trate. Cada emoción interviene en nuestro sistema nervioso.

TÚ ERES EL ÚNICO RESPONSABLE DE TU FELICIDAD

> «La felicidad se da cuando... lo que uno piensa, lo que uno dice y lo que uno hace están en armonía».
> **Mahatma Gandhi**

Me acuerdo del día en el que fui consciente de que yo era la responsable de mi felicidad. Fue durante un retiro de yoga. Fue a la vez un *shock* y una gran liberación interior. Me di cuenta de que ya no dejaría mi felicidad en manos de otras personas o de las circunstancias.

Al mismo tiempo que fui consciente de eso, me acordé de una pregunta de filosofía por la cual obtuve un dos sobre veinte después de haberme roto la cabeza durante cuatro horas sobre la cuestión: ¿qué es la felicidad? Por más que me exprimía el cerebro, no encontraba las respuestas y envidiaba secretamente a mis compañeros que parecían haberse abalanzado sobre el papel y saberlo todo sobre los secretos de la felicidad. Imagino que tuve que hacer un esfuerzo monumental para sacar a colación ideas de aquí y de allá de los autores que habíamos estudiado ya que, en aquella época, desde mi punto de vista, la felicidad equivalía a un viaje a la otra punta del mundo. Y cuando no se conoce un país, es difícil hablar de él.

Por tanto, debuté en mi vida de adulta estando tan cerca de mi idea de felicidad como ET lo estaba de su casa. La felicidad era para los demás; yo simplemente no era infeliz. Eso lo entendí un día en el que un amigo me preguntó: «¿Eres feliz?», a lo que respondí que no era infeliz. Entonces me contestó que no ser infeliz no significaba ser feliz.

Acababa de descubrir dos hechos: que mi felicidad dependía únicamente de mí y que no era feliz. Si bien el saber que mi felicidad no dependía únicamente de mí constituyó una verdadera liberación, me sentí completamente perdida en cuanto a la manera de llegar hasta ella.

Confieso que no pude ponerme manos a la obra inmediatamente y que me costó un tiempo, unos cuantos años para ser sincera, poder dar prioridad a mi felicidad.

Mi único baremo para saber si era feliz o no, y supongo que también será el tuyo, era la respuesta a una sencilla pregunta: «¿Me siento bien, en armonía conmigo misma?».

A menudo tenemos tendencia a determinar nuestra felicidad basándonos en lo que poseemos, las relaciones que tenemos, y a veces también la medimos según nuestro éxito... pero frecuentemente consideramos el problema desde el punto de vista equivocado.

Aún peor, muchas personas se fijan en lo que el otro tiene y ellas no, y se lanzan a la carrera del «yo también», sin preguntarse si verdaderamente eso es lo que quieren, si les corresponde. Estas personas funcionan a partir de un modelo externo, se guían por creencias, a menudo ilusiones. El problema está en que no saben mirar dentro de ellas mismas.

NO ES EL ÉXITO, O LO QUE
CONSIDERAMOS ÉXITO, LO QUE
NOS HACE FELICES. ES AQUELLA SITUACIÓN,
CUALQUIERA QUE ESTA SEA, EN LA QUE NOS
SENTIMOS FIELES A NOSOTROS MISMOS Y QUE
NOS INDICA QUE LO HEMOS CONSEGUIDO. ESE ESTADO
INTERIOR DE BIENESTAR, ESE ESTADO QUE HACE QUE
ESTÉS EN ARMONÍA CON LO MÁS PROFUNDO DE TU SER,
CON TUS VALORES, ESO ES LA FELICIDAD. ESTARÁ
PRESENTE A DONDEQUIERA QUE VAYAS, Y SI ESTE
ESTADO DESAPARECE, QUIERE DECIR QUE
HAY ALGO EN TU VIDA QUE YA NO ES
ACORDE CON LO QUE ERES.

Si te sientes a gusto contigo mismo, puede que te entristezca dejar de vivir ciertas situaciones, a veces te costará un tiempo recobrar la calma, pero nunca perderás tu alegría de vivir. Esta siempre estará ahí, subyacente a todo lo que te propongas hacer, subyacente a las relaciones que establezcas, a los proyectos que emprendas.

Eres responsable de tu vida

Creo que si existe una verdadera toma de conciencia en mi vida, ha sido esa. Como mucha gente, he vivido «por defecto», siguiendo una especie de programación preestablecida de mi vida sin haberme preguntado desde el principio qué es lo que yo quería en ella. Me dejaba guiar por una especie de azar externo en el que la suerte estuvo a menudo de mi parte, pero también la insatisfacción. Asimismo, muchos de mis deseos tenían un origen ajeno a mí porque no sabía escuchar a mi auténtico Ser y me quedaba al borde de quien realmente soy. Por fortuna, siempre he tenido una gran conexión con el mundo «invisible» y afortunadas «coincidencias» me llevaron a hacerme preguntas. He tardado unos cuantos años en comprender verdaderamente lo que había escuchado durante mis años de formación de yoga: «Ahí a donde va el pensamiento, va la energía». Imagina que eres un capitán de barco y que sales a navegar. Si no tienes ni idea del sitio al que quieres ir, si dejas que tu vela siga el más mínimo cambio de dirección de viento, corres el riesgo de agotarte y no llegar a ninguna parte. Cierto es que, de vez en cuando, vas a llegar a hermosas playas, pero el viaje puede ser largo. Por el contrario, si decides a qué lugar quieres ir, incluso si hay tempestad, mantendrás el rumbo, aun si tienes que cambiar de ruta momentáneamente; por arte de magia el viento te será favorable. Ocurre exactamente lo mismo con nuestra vida. Si no tenemos proyectos, una dirección, no estamos utilizando el precioso potencial que la vida nos ha dado cuando vinimos a este mundo.

Nos convertimos en el juguete de una energía externa como si estuviéramos fuera de juego.

Recuerda que el universo es abundancia, está lleno de energía, en constante evolución. Esta energía está ahí a tu disposición. Y no solo está a tu disposición, sino que además no te hace falta presentarle un *curriculum vitae* impresionante para poder beneficiarte de ella. Está ahí para cada uno de nosotros. Estás bañado de esta energía, formas parte de ella. Esta energía te atraviesa y se llama Vida. ¿Cómo la estás utilizando?

Voy a decir algo que hará saltar a más de uno… Tu vida es el resultado de la manera en la que bailas con esa energía. Si sabes adentrarte en la danza del universo, el universo te lo devolverá con creces.

TODO SE CREA A DOS NIVELES: EL FÍSICO Y EL MENTAL.

Y esto funciona para todo. Tu punto de partida es tu primera herramienta, tu imaginación. Para pasar de este nivel mental a la realización, tendrás que decidirlo con el fin de dar una dirección a tu energía mental.

Incluso si eres de tendencia negativa, siempre puedes invertir esa predisposición. Nunca es demasiado tarde para cambiar y retomar las riendas de tu vida.

Si estás insatisfecho significa que tienes sueños, sueños de una vida mejor, y solo depende de ti comenzar a trabajar en ellos para hacerlos realidad.

Por otro lado, el saberte responsable de tu vida puede también enfadarte. Si tienes problemas de salud, si tu pareja os ha abandonado a ti y a vuestros hijos, si estás en paro..., no es lo que habías decidido y estoy absolutamente de acuerdo. Es a nivel vibratorio donde ocurre todo. Lo que puedes elegir es la manera en la que vas a reaccionar a lo que estás viviendo actualmente. Puedes darte por vencido; puedes regodearte en tu insatisfacción, en tu cólera, en tu sentimiento de injusticia e impotencia; puedes encontrar una montaña de razones para seguir en ese barrizal, en cuyo caso el diagnóstico está claro, sufres de «victimitis aguda». O bien puedes decidir asumir la responsabilidad.

Si es la opción que eliges, te vas a convertir en la persona más importante de tu vida. Vas a cambiar, correr el riesgo de... vivir la vida que quieres.

HACERTE RESPONSABLE DE TU VIDA IMPLICA UNA PREGUNTA FUNDAMENTAL: «¿QUÉ VIDA QUIERO VIVIR?».

Tomar las riendas de tu vida va a llevarte por tanto a elegir la manera en la que vas a actuar frente a lo que vivas.

Y PARA ELLO TE RECUERDO LA PREGUNTA FUNDAMENTAL: «¿QUÉ VIDA QUIERO VIVIR?».

Y la respuesta a esa pregunta es sencilla e idéntica para cada uno de nosotros. La respuesta es «ser feliz».

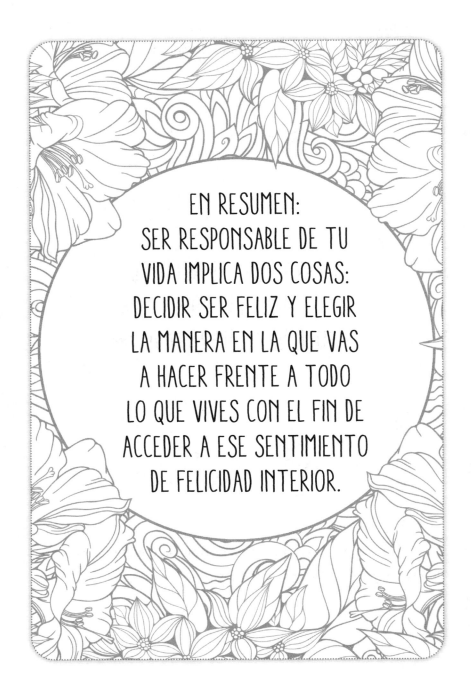

EN RESUMEN:
SER RESPONSABLE DE TU
VIDA IMPLICA DOS COSAS:
DECIDIR SER FELIZ Y ELEGIR
LA MANERA EN LA QUE VAS
A HACER FRENTE A TODO
LO QUE VIVES CON EL FIN DE
ACCEDER A ESE SENTIMIENTO
DE FELICIDAD INTERIOR.

Solo que, *voilà*, ser feliz para ti a lo mejor no es lo mismo que para mí. De ahí el porqué de que la cuestión de saber lo que se quiere es primordial.

Recobrar tu poder interior

Ser responsable de tu vida significa tomar las riendas de esta. Incluso si no tenemos el poder de cambiar los acontecimientos, tenemos el poder de posicionarnos de manera diferente. Convertirse en responsable de nuestra vida consiste en salir de nuestro estado de impotencia, ese en el que lo soportamos todo, para mirar nuestra vida con diferentes ojos y abrirnos a otras maneras de funcionar y a todas las posibilidades que se nos ofrecen. Lo primero de todo es tomar conciencia de aquello que nos conmueve, es la puerta de entrada. A partir de ahí, vamos a poder elegir la manera de reaccionar y por tanto decidir cambiar. Admito que a veces no es fácil, pero siempre es posible y se gana en libertad interior. Lo segundo es que, cuando nos posicionamos de esta manera, vemos que, como por arte de magia, las cosas empiezan a cambiar. Si nos posicionamos de otra manera, un cambio de conciencia se produce en el interior y sutilmente los diferentes engranajes encajan de forma diferente, por lo que el exterior también se organiza de forma diferente. Esa es la clave del cambio. Nuestro poder interior está sobre todo conectado con el poder del universo. Este poder nos da vida porque formamos parte del universo. El poder es la fuerza, la sabiduría. También es esa energía interior que permite a tus células sanar tu cuerpo. Ser consciente de ese poder no quiere decir en absoluto que haya que servirse del ego para establecer una relación de superioridad con respecto al otro. Todo está en nosotros: la creatividad, la sabiduría. Lo poseemos todo en negativo y positivo. Expresar todo eso significa ser artífices de nuestro poder, expresar ese potencial, esa fuerza, esa energía, esa especificidad que nos anima y que es mucho más grande de lo que imaginamos.

EXPRESAR QUIENES SOMOS ES EL
OBJETIVO DE NUESTRA VIDA.
DEBEMOS CONOCER, HONRAR Y COMPARTIR
LA EXPRESIÓN DE LO QUE SOMOS.
SI BLOQUEAMOS ESTA ENERGÍA, SE PERDERÁ,
YA QUE CADA UNO DE NOSOTROS ES
ÚNICO Y NADIE PUEDE REEMPLAZARLO.
TIENES LA RESPONSABILIDAD DE
CONVERTIRTE EN AQUELLO QUE ERES.
TIENES LA CAPACIDAD
DE REALIZARTE.

Ser responsable de tu vida también es percibirse como un individuo conectado a otros individuos en un tiempo y un espacio determinados y más allá.

Ser responsable de tu vida no quiere decir sentirse culpable. No lo es tampoco a nivel consciente. Estamos aquí a nivel sutil en relación con nuestra encarnación, en ramificaciones entre diversos fenómenos.

No olvides que, como bien lo ha demostrado la física cuántica, todo es vibración. Evidentemente, tú no decides si vas a atraer este problema o aquel otro. Se trata de la vibración con la que entras en resonancia, y esta vibración está conectada con el presente y contigo como individuo, pero también va más allá (lo transgeneracional) e incluye otros contextos y épocas, ya sean actuales o no. ¿Podrías considerar el hecho de estar más allá del tiempo, el espacio y la materia? Si hemos venido a este mundo es porque debemos formar parte de él en vez de pararnos al borde de nuestra vida para verla pasar delante de nuestros ojos. Eres un átomo del universo. Eres importante. Si sabes lo que quieres, si deseas dar una dirección a tu vida, si quieres darle sentido, debes ser responsable de tu vida. Debes dejar de actuar por defecto. Cuando compras un ordenador está configurado de fábrica, pero tú puedes formatearlo según el uso que quieras darle. Lo mismo sucede con tu vida.

¡DEJA DE DETENERTE AL BORDE DE TU VIDA!

Tienes la opción de rendirte o de actuar. Ya estoy escuchando a algunos que van a decir: «Sí, pero yo no paro de luchar». Yo no he dicho que haya que luchar, he hablado de actuar. Ve a mirar el capítulo de la página 67 donde hablo de remar a contracorriente.

La vida no debe ser una lucha. Vivir es tu derecho de nacimiento. Honra esta vida yendo en el sentido de la corriente de la Vida.

EL SENTIDO DE TU VIDA VA SIEMPRE EN EL SENTIDO DE LA CORRIENTE DE LA VIDA. EL SENTIDO DE LA CORRIENTE DE LA VIDA DA SENTIDO A TU VIDA.

LA ALEGRÍA Y EL ENTUSIASMO DEBEN SER TUS GUÍAS

*«Aquel que ha sentido alguna vez la alegría
temblar en sus manos no morirá nunca».*
Amanda Ruchpaul*

Si nos fijamos en el exterior para sentir alegría, corremos el riesgo de que sea complicado, sobre todo cuando los medios de comunicación difunden de continuo el lado negativo del mundo. Si buscamos la alegría en las compensaciones externas, nos arriesgamos a caer en todo tipo de dependencias y en una ilusión de cuyo despertar será doloroso.

La alegría es la alegría en estado puro, sin «adicciones», es la alegría que emana del corazón, es la alegría de la vida, la alegría de vivir, de pertenecer al mundo e intervenir en él.

La mayoría de la gente hace depender su alegría de elementos externos. Esta alegría es por tanto momentánea, consumista. Esta alegría no dura y cuando se agota, es necesario ir a buscarla a otro lugar. Es una de las mejores maneras de malgastar la vida. Lo que buscamos es la excitación del momento y no la intensidad que la verdadera alegría nos procura. Es verdad que al principio encontramos cierta intensidad, pero esta no es duradera. La alegría no depende necesariamente de grandes cosas. Puedes por ejemplo sentir una alegría intensa al observar un árbol. Se dice que hay pequeños momentos de alegría y grandes alegrías. Yo creo que hay sobre todo logros que son como pasos que forman parte del camino.

Algunas son más grandes que otras, pero ¿qué es lo que importa? ¿Dar grandes pasos o avanzar? A veces dar un pequeño paso, hacer un pequeño cambio, te va a aportar una sensación de bienestar

---

* N. de la A.: Artista, escritora y profesora de yoga, Amanda es la hija de Eva Ruchpaul, una de las primeras mujeres yoguinis en Europa.

porque con esta «cosita de nada» te das cuenta de que has comenzado el camino que te lleva hacia ti, hacia lo que quieres, hacia el estilo de vida que deseas, hacia tu felicidad. Y es entonces cuando sientes esa alegría interior. Esa alegría interior, gratuita, es el signo de que te estás acercando a ti. Cuanto más te acercas a ti, más crece el entusiasmo, y cuanto este más crece, mejor avanzas de la forma que tú quieres, y más el universo —todo lo externo—, responde en el mismo sentido y más visible es tu alegría.

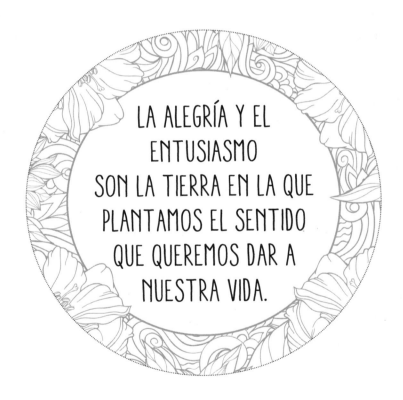

LA ALEGRÍA Y EL
ENTUSIASMO
SON LA TIERRA EN LA QUE
PLANTAMOS EL SENTIDO
QUE QUEREMOS DAR A
NUESTRA VIDA.

Mira las fotos de la Madre Teresa, observa su cara, el brillo de su mirada, su sonrisa. La alegría irradia de su rostro. Ella no vivió en un medio particularmente alegre, pero estaba conectada a lo más profundo que había en ella, a lo que animaba su vida. Un día, alguien le preguntó cómo luchaba contra la guerra, a lo que respondió que no había que contar con ella para luchar contra la guerra pero que estaba dispuesta a obrar por la paz.

No nos equivoquemos. Cuando luchamos contra algo, no estamos conectados a lo más profundo de nuestro ser, a nuestra alegría. Cuando nos movemos hacia algo, hacia un objetivo que nos importa, estamos conectados a lo más profundo de nosotros, a la vida, a la alegría, al entusiasmo. Por tanto, el universo irá también a nuestro encuentro, simplemente porque nosotros ya estamos yendo hacia él. El universo es expansión, abundancia, en ningún caso sanción o restricción.

Cultivar tu alegría interior va a permitirte entrar en esta dinámica del universo que facilitará cumplir tus sueños.

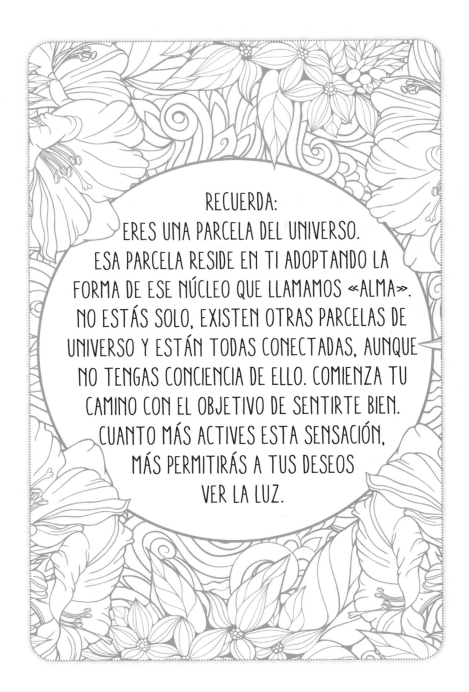

RECUERDA:
ERES UNA PARCELA DEL UNIVERSO.
ESA PARCELA RESIDE EN TI ADOPTANDO LA
FORMA DE ESE NÚCLEO QUE LLAMAMOS «ALMA».
NO ESTÁS SOLO, EXISTEN OTRAS PARCELAS DE
UNIVERSO Y ESTÁN TODAS CONECTADAS, AUNQUE
NO TENGAS CONCIENCIA DE ELLO. COMIENZA TU
CAMINO CON EL OBJETIVO DE SENTIRTE BIEN.
CUANTO MÁS ACTIVES ESTA SENSACIÓN,
MÁS PERMITIRÁS A TUS DESEOS
VER LA LUZ.

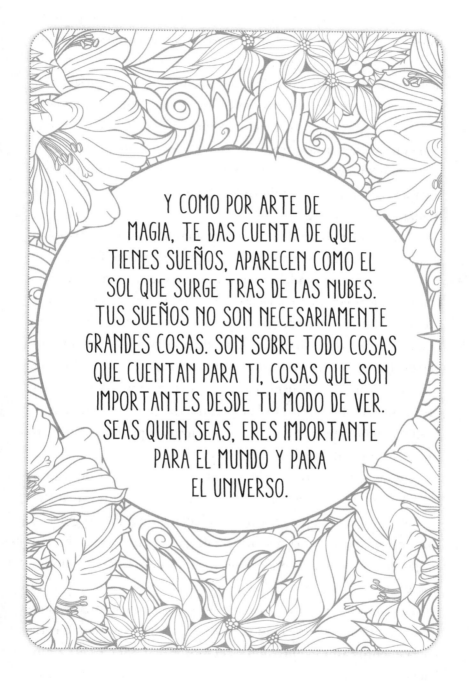

Y COMO POR ARTE DE
MAGIA, TE DAS CUENTA DE QUE
TIENES SUEÑOS, APARECEN COMO EL
SOL QUE SURGE TRAS DE LAS NUBES.
TUS SUEÑOS NO SON NECESARIAMENTE
GRANDES COSAS. SON SOBRE TODO COSAS
QUE CUENTAN PARA TI, COSAS QUE SON
IMPORTANTES DESDE TU MODO DE VER.
SEAS QUIEN SEAS, ERES IMPORTANTE
PARA EL MUNDO Y PARA
EL UNIVERSO.

Cuando digo que la alegría es nuestro verdadero estado, no estoy diciendo que no podamos sentir tristeza. Tampoco digo que rechacemos la tristeza cuando esta viene. El problema está en que la mayoría de la gente sufre de adicción a una pseudoalegría. La sociedad en la que vivimos nos ofrece una multitud de posibilidades que nos permiten huir de quienes somos, huir de lo que sentimos, con el fin de llenar nuestro vacío interno. El precio que se paga es que, desafortunadamente, un día u otro acabamos confrontados a ese vacío, a ese aspecto artificial, y la constatación puede ser extremadamente dolorosa.

Bien es cierto que forzarse a buscar la alegría no es la prioridad cuando te encuentras triste, desanimado o enfadado. Es necesario ser consciente del estado de ánimo en cuestión. Lo que hacemos cuando nos precipitamos hacia actividades de huida, de compensación, es buscar bienestar pero en el mundo exterior. Esto quiere decir que nos convertimos en dependientes de algo externo a nosotros. Es una ilusión, la ilusión de nuestro ego. Esta dependencia nos aleja de nosotros mismos, de nuestra fuerza interior, nos aleja de la felicidad. Es lo que nos hace decir, por ejemplo: «Empezaré a meditar cuando tenga tiempo», «Comenzaré la pintura cuando me jubile...». Todo depende de otra cosa.

¿Qué es lo que ocurre en realidad cuando actúas de esa forma? A menudo, estás en una fase en la que te encuentras mal. Necesitarías tener tiempo para ti, para hallar tu equilibrio gracias a una actividad que te haga sentir bien, que te apasione... Sin embargo, piensas que es cuando estés bien, cuando estés en armonía con tu vida, cuando podrás llevar a cabo esa pasión de la que tantas ganas tienes. Lo que no ves es que esa pasión es justamente el camino que te llevará hacia quien tú eres, el camino hacia la alegría, hacia el entusiasmo. Tu pasión es el motor de tu Ser, es el camino hacia el equilibrio y el bienestar. Sin embargo, haces lo contrario.

CADA VEZ QUE
PRESTAS ATENCIÓN
A AQUELLO QUE NECESITAS,
TE ACERCAS UN POCO MÁS A TI
MISMO. CADA VEZ QUE ACTÚAS
DE MANERA CONTRARIA, TE
ALEJAS DE TI MISMO Y
PIERDES ENERGÍA.

NO TENGAS MIEDO DE QUE TU VIDA TERMINE, SINO DE QUE NUNCA HAYA COMENZADO

¿NUTRIR EL EGO O NUTRIR EL SER?

«No el mucho saber harta y satisface al ánima, sino
el sentir y gustar de las cosas internamente».
Ignacio de Loyola

El ego y el Ser cohabitan en nosotros. Son como dos fieras hambrientas cada cual reclamando su parte. A menudo, dentro del desarrollo personal, escuchamos este consejo: «Hay que dejar ir al ego». Desgraciadamente, antes de poder soltar algo, hace falta reconocer su presencia. Sí, funcionamos con respecto al ego y no es ninguna vergüenza. El primer paso aquí es dejar de sentirse culpable, dejar de creer que no somos como deberíamos ser, espirituales..., porque funcionamos siguiendo nuestro ego.

El ego es esa parte de nosotros que se ha ido construyendo a lo largo de nuestra vida gracias a nuestra educación, nuestras experiencias, nuestras creencias... El ego es la manera en la que nuestra personalidad funciona. Es todo lo que nos hace ceñirnos a nuestros valores, a todos nuestros sistemas de referencia y en concreto a nivel mental. En todo eso, está lo que hemos hecho nuestro porque ha sido el fruto de nuestra experiencia, y luego está todo lo que hemos heredado de creencias familiares, y más allá aún, todo lo que nos nutre a nivel del inconsciente colectivo. Y nos ceñimos a todo ello sin darnos cuenta ni siquiera de que existe un cambio perpetuo. Incluso tratamos de aferrarnos a ello. Toda la gama de emociones y sentimientos se expresa para nutrir nuestro ego. Aquello que consideramos injusto y que nos saca de quicio, aquello que intentamos retener y que nos produce pena y cólera, aquello por lo que luchamos... Todo aquello que creemos que es nuestra realidad y por lo que utilizamos una energía monumental para intentar ir en sentido contrario, para intentar conservar ese frágil equilibrio. Añade a eso tu trabajo, tu posición social, lo que opinan los demás (o la importancia que le damos), etc. Todo lo que hace de ti una persona, preferiblemente una buena persona, ya que es eso lo que estás tratando de ser. He aquí por tanto algunos de los constituyentes del ego. Deja ir todo eso y ¿qué te queda? A menudo una depresión.

No estoy ni mucho menos diciendo que si «sueltas» esa parte tuya, caerás en una depresión. Lo que quiero decir es que si te encuentras en un estado depresivo significa probablemente que estás atrapado en el mecanismo del ego, y que la parte de tu Ser se ha visto reducida a una mínima expresión. Y el desajuste es enorme.

Como ya he mencionado, existen dos partes dentro de nosotros, el ego y el Ser. Uno no va en detrimento del otro. Puedes representar estas dos partes como dos matrioskas una dentro de la otra. El ego es la muñeca externa y el Ser la que está en el interior.

Una vez hecho el retrato del ego, describamos ahora el del Ser. El Ser es esa parte de nosotros que es eterna, inmutable, hecha de Alegría. En otras palabras, es nuestra parte divina, esa que está conectada a la Fuente, al Universo, a Dios… Esa parte de nosotros que vibra, vibra y pulsa al ritmo del universo, en sintonía con él, en relación con aquello que has venido a hacer en esta Tierra.

NO INTENTES ELEGIR ENTRE EL EGO Y EL SER, NO ES POSIBLE. PERO, EN CAMBIO, SÍ PUEDES REAJUSTARLOS.

El ego pertenece al mundo de la ilusión, está regido por el apego, constituye nuestra parte humana material. El Ser es la Verdad, la Realidad.

Cuando funcionamos a nivel del ego, estamos alejados, separados de nuestra Verdad, de nuestro Ser.

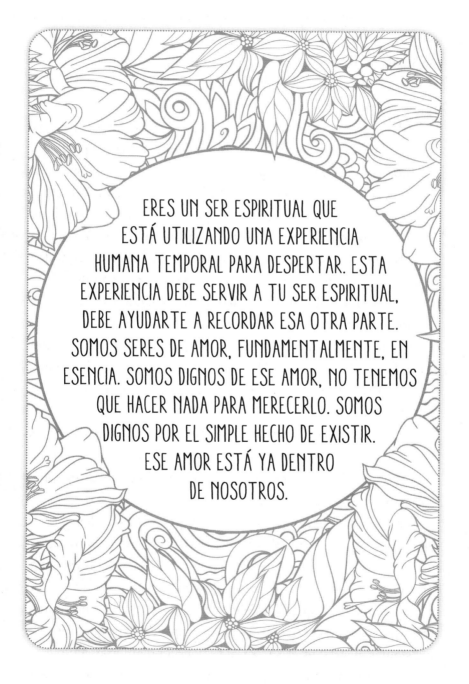

ERES UN SER ESPIRITUAL QUE
ESTÁ UTILIZANDO UNA EXPERIENCIA
HUMANA TEMPORAL PARA DESPERTAR. ESTA
EXPERIENCIA DEBE SERVIR A TU SER ESPIRITUAL,
DEBE AYUDARTE A RECORDAR ESA OTRA PARTE.
SOMOS SERES DE AMOR, FUNDAMENTALMENTE, EN
ESENCIA. SOMOS DIGNOS DE ESE AMOR, NO TENEMOS
QUE HACER NADA PARA MERECERLO. SOMOS
DIGNOS POR EL SIMPLE HECHO DE EXISTIR.
ESE AMOR ESTÁ YA DENTRO
DE NOSOTROS.

La clave está en reconectarse con nuestro Ser. Ese nexo es, como he dicho anteriormente, la Alegría. El Ser es el lugar de la Claridad, de la Luz, de la Alegría, del Amor. Es impermanente y está más allá de todo. NUNCA lo pierdes. Sin embargo, te alejas de él a menudo.

El ego nos arrastra a la ilusión. Una de las primeras trampas es la de identificarse con el ego. Nos identificamos con aquello que creemos ser, con nuestra imagen social, con nuestro trabajo..., es decir, con una apariencia externa. Para algunos, es como si hubiera que deshacerse de ese ego, es como si fuera un enemigo al que hay que combatir. Es necesario reajustar los vínculos. Al hacer el reajuste, todos los aspectos que te constituyen formarán un todo y dejarás de funcionar únicamente a un solo nivel, como por ejemplo el profesional. Es lo que ocurre cuando alguien se jubila y ha existido, en términos de valor personal, únicamente a través de su oficio. En el momento de la jubilación puede venir la depresión, una enfermedad súbita, incluso el fallecimiento, ya que la persona se encuentra frente a ese vacío interno que el mundo profesional externo deja de colmar.

Reconectar el ego con el Ser es imperativo. Cuando existe una distancia demasiado grande entre ambos, eso crea un malestar que a veces puede llegar a ser de gran intensidad. Reconectarse con el Ser nos permite introducir la felicidad en nuestra vida.

Ya me imagino a algunos diciendo que a ellos no les apetece pasar la vida en un estado de contemplación con el fin de conectarse con el Ser. No os preocupéis, no es la única vía, podéis reconectaros con esa parte de vosotros en vuestro día a día.

Cada vez que aquello que hagas te aporte entusiasmo, quiere decir que has conectado con esa parte profunda de tu Ser. Cada vez que sientas alegría, es el Ser. ¿Y si la alegría no emerge? Puede ser que estés contemplando el paisaje a través del espejo. Como decía anteriormente, tendemos a esperar a que las cosas mejoren para hacer aquello que nos agrada. Pues bien, haz lo contrario.

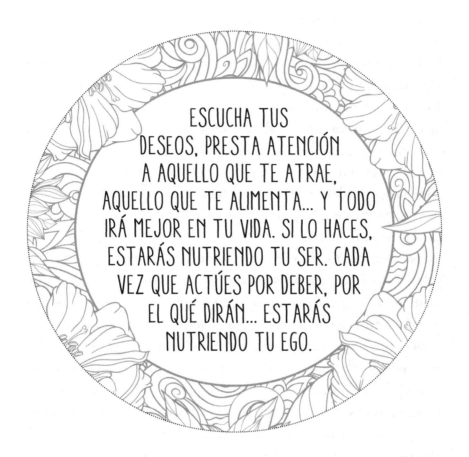

ESCUCHA TUS DESEOS, PRESTA ATENCIÓN A AQUELLO QUE TE ATRAE, AQUELLO QUE TE ALIMENTA... Y TODO IRÁ MEJOR EN TU VIDA. SI LO HACES, ESTARÁS NUTRIENDO TU SER. CADA VEZ QUE ACTÚES POR DEBER, POR EL QUÉ DIRÁN... ESTARÁS NUTRIENDO TU EGO.

Tenemos tendencia a dejarnos de lado, a no dedicarnos tiempo. Realizamos una multitud de actividades por obligación, para cumplir con las expectativas que, además, suelen ser exigencias muy antiguas de cuando éramos niños. Nos las arreglamos para encontrar un montón de razones para no escuchar (falta de tiempo, los hijos, la pareja, la creencia de que hacerlo significa ser egoísta...). Viviendo de esta manera, nos engañamos y nos alejamos de nosotros y de nuestro Ser. Lo que no sabes es que si eres capaz de volver a ti, tendrás mucha más energía, mucho más entusiasmo, estarás mucho más disponible para los demás. Y con ello me refiero a una verdadera disponibilidad, no únicamente de tiempo, una disponibilidad interior. Cuanto más sientas ese estado de bienestar y Alegría, más crecerá. Y si, por casualidad, por las vueltas que da la vida, atraviesas una zona de oleaje, eso que habrás experimentado. En ese momento, incluso si atraviesas una época oscura, sabrás que sigue ahí, inamovible, y todo tu Ser tenderá a volver a esa alegría interior. Y eso, créeme, marca la diferencia.

Para terminar este capítulo, me gustaría contarte una experiencia personal. Desde hace mucho practico la meditación a diario. La meditación básica, esa que aún llamamos de «conciencia plena». Aún recuerdo un día en el que me senté, imbuida en mis pensamientos. Yo era mis pensamientos y los nutría pasando de unos a otros. Les concedía una realidad. Después ese fluir se fue calmando y empecé a verlos por grupos, como nubes que pasaban por delante. Me di cuenta de que no tenían consistencia, no eran reales. En lo que concernía a las emociones, se trataba del mismo proceso. Pasaban y no duraban. Sin embargo, en mi día a día, sí permanecían durante un tiempo. Me quedé unos momentos observando este proceso hasta que pensamientos y emociones se desvanecieron y desaparecieron para dejar paso a un estado interior de calma. Digo bien dejar paso, pues ese estado estaba ya ahí. No solamente estaba ahí, sino que sentí una imperceptible sonrisa dibujarse en mi rostro. Y más allá de esa sonrisa, sentí Alegría. Esa Alegría simple, profunda, la Esencia del Ser que nunca nos abandona pero que se oscurece a causa de la producción de nuestra mente.

LA PROSPERIDAD
Y EL ÉXITO
PASAN POR ESTE
ESTADO INTERIOR.

Remar a contracorriente: ¿Acaso algunas personas nacen para tener éxito mientras que otras...?

Cuánta gente desea tener éxito pero acumula fiasco tras fiasco, fracaso tras fracaso. ¿Acaso hay gente que ha nacido para ganar y otra para perder? Reconoce que si fuera así, sería toda una injusticia. ¿Y si todo dependiera de la actitud y la manera de ver las cosas?

A veces queremos seguir cierta dirección y no hacemos más que toparnos con un obstáculo tras otro. He acompañado a mucha gente que vive este tipo de situaciones y que acaba concluyendo que «no tenía que ser». Personalmente, encuentro esta conclusión un tanto precipitada. En el mundo del desarrollo personal, he conocido a muchísimos cuyo discurso se resume en «será lo que tenga que ser». Eso es como si una fuerza exterior soplara las velas del barco de nuestra vida para llevarnos por donde le viene en gana. Parece estupendo cuando la dirección nos conviene, pero cuando no es el caso, no hacemos sino acumular más frustración.

NO LO OLVIDES, TODO ES VIBRACIÓN. EL UNIVERSO RECIBE TUS VIBRACIONES Y ES ESE ESTADO VIBRATORIO LO QUE ACABAMOS MANIFESTANDO.

En realidad se trata de un proceso muy sencillo. Tienes un sueño, un deseo…, estás en armonía con tu esencia profunda. Vas a utilizar tu energía en ese sentido y es ahí donde podría estropearse ya que vas hacia algo nuevo, desconocido. De ahí nacerá instantáneamente la fase «emocional» del proyecto. En el mejor de los casos, encontrarás entusiasmo y alegría y todo fluirá. Incluso si existen dificultades, seguirás tu rumbo y estas solo serán una nube que se cruzó en tu cielo. En el caso contrario, dudas y emociones como el miedo emergerán y ganarán terreno desestabilizándote. Son los mecanismos de resistencia que responden al lado restrictivo de tu Ser. Dudas, creencias (incluyendo creencias heredadas desde hace generaciones), miedos... arrastrarán fracasos junto con conductas de autosabotaje, actos fallidos... Todo eso va a impedirte avanzar y si no haces nada para eliminar esos bloqueos (resistencias), corres el riesgo de estancarte, incluso de retroceder. A este nivel remas a contracorriente, dejas de escuchar ese deseo interior que te guía. Sin embargo, ese deseo sigue estando ahí. Debemos ser conscientes de este tipo de resistencias para poder eliminarlas, para pasar de viejos a nuevos paradigmas, ya que estamos actuando desde un campo de restricciones estrecho y restringido.

ESTE TIPO DE RESISTENCIAS TIENE SIEMPRE UNA RAÍZ ARCAICA A NIVEL EMOCIONAL, ES DECIR, EN EL SISTEMA LÍMBICO DEL CEREBRO (LAS EMOCIONES) Y EN EL CEREBRO REPTILIANO (LAS SENSACIONES). CADA VEZ QUE TE CONECTAS A TU DESEO, ESTÁS A ESTOS DOS NIVELES, PERO EN LA POLARIDAD CONSTRUCTIVA. ES NECESARIO CONSERVAR ESTA POLARIDAD COMO TELÓN DE FONDO CUANDO VAYAS A ELIMINAR LOS BLOQUEOS.

Llevo años «practicando la autoayuda», por utilizar un término consensuado. No niego que todos estos años de terapia me han permitido adquirir una sólida estructura a la cual se ha añadido mi formación en psicología. Sin embargo, hoy en día me doy cuenta de que no me fijaba donde me tenía que fijar. Buscaba las causas en el exterior: la historia de mis padres... En definitiva, hacía como haces tú. Lo que es cierto es que:

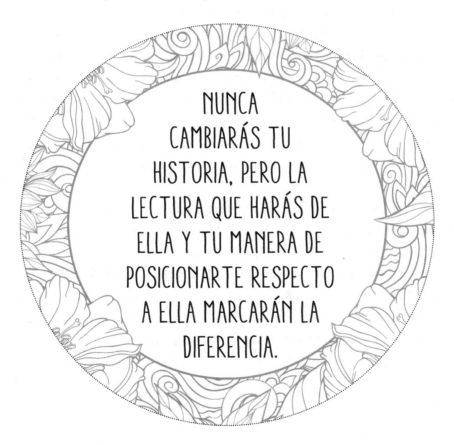

NUNCA CAMBIARÁS TU HISTORIA, PERO LA LECTURA QUE HARÁS DE ELLA Y TU MANERA DE POSICIONARTE RESPECTO A ELLA MARCARÁN LA DIFERENCIA.

En resumen, cuántos de nosotros pensamos que si somos así es porque hemos vivido tal o tal trauma. Recapacita unos instantes, tomemos el caso siguiente: dos hermanos con dos años de diferencia (por lo tanto, casi la misma edad) pierden a su madre. Uno de ellos presenta lo que llamamos un trauma que va a manifestarse, por ejemplo, a través de miedos, de falta de confianza. El otro va a seguir adelante y diremos de él que confía en la vida. Este contraste no es poco frecuente: dos personas que han vivido la misma historia no reaccionan de manera idéntica. No es el acontecimiento lo que genera dificultades, sino el modo en el que reaccionamos, y esto por supuesto, de forma inconsciente.

¿Qué hace que de dos hermanos cuyo padre es alcohólico, uno se dé a la bebida y el otro no? Existen factores internos propios de cada persona, y yo estoy convencida de que siempre podemos invertir la tendencia. Todo ocurre en nuestros cerebros límbico y reptiliano, y ello tanto en positivo como en negativo. La parte positiva es la fluidez y la energía que nos permiten abrirnos y nos llevan a realizar acciones; la parte negativa son todos los frenos (resistencias).

El carburante del éxito se encuentra ahí. Si lo que quieres es tener éxito, avanzar, no puedes situarte únicamente en el pensamiento racional (el córtex), debes tener en cuenta los cerebros emocional y reptiliano, que son en realidad los verdaderos motores (o frenos) de la acción y el cambio. Todo viene de esta raíz. En el lado positivo, avanzas sin obstáculos; en el lado negativo, avanzas con tus conflictos internos, llamados resistencias.

EL PROBLEMA NO SON LOS
CONFLICTOS INTERNOS CON LOS QUE
TE VAS ENCONTRANDO, SINO EL HECHO
DE QUEDARTE BLOQUEADO A ESE NIVEL.
REMAR A CONTRACORRIENTE CONSISTE EN IR
EN EL SENTIDO DE LO QUE TE FRENA EN VEZ DE
IR EN EL SENTIDO EN EL QUE TÚ DESEARÍAS IR.
RECUERDA QUE EL FRACASO NO ES
MÁS QUE UN JUICIO DE VALOR.
CONTEMPLAR TU VIDA A PARTIR DE AQUELLO A
LO QUE ASPIRAS RESTABLECE EL SENTIDO
DE LA CORRIENTE Y TE PERMITE
CAMBIAR DE PARADIGMA.

Somos la pregunta y la respuesta al mismo tiempo, como la leyenda a continuación, sobre la cual te invito a que medites, demuestra:

Una vieja leyenda hindú cuenta que hubo un tiempo en el que todos los seres humanos eran dioses. Pero abusaron tanto de su cualidad divina que Brahma, el dios de todos los dioses, decidió quitarles el poder divino y esconderlo en un lugar en el que les sería imposible hallarlo. El gran problema fue el de encontrarle un escondite.

Cuando los dioses menores fueron convocados a un consejo para resolver el problema, propusieron lo siguiente:

«Enterremos la divinidad del hombre en la tierra».

Pero Brahma contestó: «No, eso no es suficiente ya que el hombre cavará y la encontrará».

Entonces los dioses replicaron: «En ese caso, echemos la divinidad a lo más profundo de los océanos».

Pero Brahma contestó de nuevo: «No, porque, tarde o temprano, el hombre explorará las profundidades de todos los mares, y es seguro que un día la encontrará y la subirá a la superficie».

Entonces los dioses concluyeron: «No sabemos dónde esconderla ya que parece no existir un lugar ni en la tierra ni en el mar que el hombre no pueda alcanzar un día».

Entonces Brahma dijo: «He aquí lo que haremos con la divinidad del hombre: la esconderemos en lo más profundo de su ser ya que es el único lugar en el que jamás se le ocurrirá buscar».

Desde ese día, concluye la leyenda, el ser humano ha dado la vuelta al mundo, ha explorado, escalado, buceado y cavado en búsqueda de algo que se encuentra dentro de él.

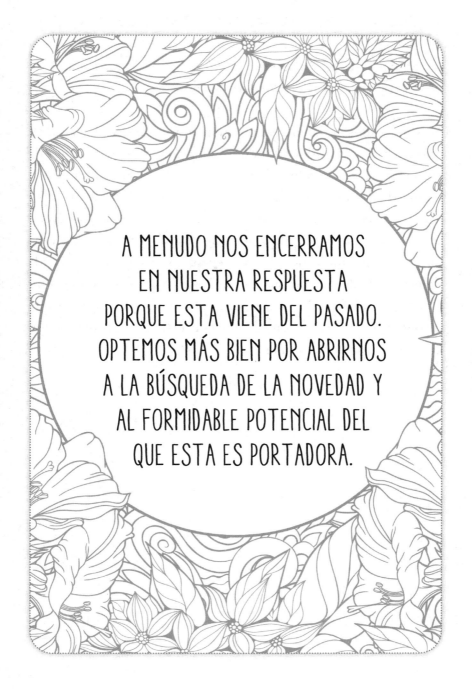

A MENUDO NOS ENCERRAMOS
EN NUESTRA RESPUESTA
PORQUE ESTA VIENE DEL PASADO.
OPTEMOS MÁS BIEN POR ABRIRNOS
A LA BÚSQUEDA DE LA NOVEDAD Y
AL FORMIDABLE POTENCIAL DEL
QUE ESTA ES PORTADORA.

TÚ ERES LA PERSONA MÁS IMPORTANTE DE TU VIDA

«Somos libres de ir a donde queramos y de ser lo que somos».
Richard Bach

Nos perdemos en la energía que ponemos en buscar la causa de nuestro malestar interior. Obramos de la misma manera al buscar la solución en el mundo exterior. El problema y su antídoto están dentro de ti. Como he mencionado anteriormente, no se trata del acontecimiento, sino de la manera en la que vas a reaccionar ante él. Y una vez más, no olvides que es algo inconsciente. Nos gustaría tanto que todo fuera bien... Tampoco quiere esto decir que tu vida debe ser difícil. Pero no vale con rechazar lo que sucede y esperar a que una varita mágica lo transforme todo sin que tengamos que involucrarnos ni comprometernos con nosotros mismos siendo conscientes de lo que somos.

RECUERDA LO SIGUIENTE:
- LA VIDA ES MOVIMIENTO.
- EL UNIVERSO ES MOVIMIENTO.
- NO PUEDES QUEDARTE EN UN ESTADO ESTÁTICO; INDEFECTIBLEMENTE, SIEMPRE HABRÁ FLUCTUACIONES.

Eres la persona más importante de tu vida. Es evidente que lo que la cultura judeocristiana te ha enseñado durante unos cuantos años respecto a que pensar en ti es egoísta no ayuda mucho. La persona más importante de tu vida no solamente significa que eres tú quien tiene la solución, sino también que para dirigirte hacia la felicidad y el bienestar, debes ser consciente de quién eres. En otras palabras, quiere decir ser consciente de tus fragilidades, de todo aquello que puedas considerar como tus «puntos débiles». Únicamente a partir de ahí podrás dirigirte hacia donde quieres; de lo contrario corres el riesgo de activar tus defensas, remar a contracorriente y alejarte de la persona que eres en realidad.

La persona que eres reagrupa a la vez todos los aspectos de la fuerza pero también todos los aspectos de la fragilidad. El error que cometes es el de querer eliminar estos últimos. Estos aspectos de fragilidad son la perla de la ostra. Desgraciadamente, a menudo los reducimos a debilidades que hay que eliminar. Y es ahí donde pierdes energía y remas a contracorriente. Puedes transformarlos, pero para hacerlo de manera eficaz, se requiere una constatación previa que no esté contaminada por la culpa. Todo el mundo tiene sus puntos fuertes y sus puntos débiles, no eres el único.

El camino de tu vida debe dirigirse hacia la felicidad, y ello pasa por un profundo conocimiento de sí mismo. Las relaciones armoniosas, la paz exterior... pasan primero por el conocimiento de uno mismo.

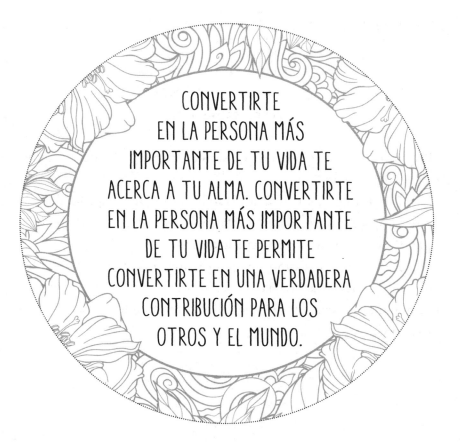

CONVERTIRTE EN LA PERSONA MÁS IMPORTANTE DE TU VIDA TE ACERCA A TU ALMA. CONVERTIRTE EN LA PERSONA MÁS IMPORTANTE DE TU VIDA TE PERMITE CONVERTIRTE EN UNA VERDADERA CONTRIBUCIÓN PARA LOS OTROS Y EL MUNDO.

Imbuidos en luchar con nuestros problemas, que no es otra cosa que luchar contra nosotros mismos, perdemos de vista lo que queremos. Es absolutamente necesario encontrar un espacio de bienestar y de motivación personal.

LA LEY DE LA ATRACCIÓN Y LA SINCRONÍA

«La felicidad es la única cosa que se
duplica cuando es compartida».
Albert Schweitzer

Para introducir este tema, voy a evocar lo que yo llamo el campo de posibilidades.

Penetramos aquí en un aspecto más sutil, más espiritual, pero este campo está directamente relacionado con tu deseo de ser feliz y la manera en la que vas a llevarlo a cabo.

Este campo es como una gran matriz magnética. Tú emites una vibración y esta atrae la vibración correspondiente en ese gran campo magnético. ¿Qué vibración estás emitiendo? Echa un vistazo a tu vida y lo sabrás.

RECUERDA:
PUEDES CAMBIAR
TU VIBRACIÓN.
NO CONFUNDAS TU DESEO
PROFUNDO CON TUS GANAS
O TU VOLUNTAD.

Este campo es infinito, es Uno y lo contiene todo.

El ámbito de la mente, es decir, de los pensamientos y emociones, es la cámara de «comunicación» con este campo.

En otros términos, únicamente podrás recibir la energía que corresponde a la frecuencia que has emitido. Sin embargo, recuerda que puedes trabajar a nivel espiritual. Puedes liberarte de esos «tapones» de energía que son las emociones tóxicas y los pensamientos que las acompañan.

Desde hace algunos años, el trabajo concerniente a los pensamientos y la ley de la atracción se ha difundido por todo el mundo gracias a la película *El secreto*, adaptada del libro de Rhonda Byrne. La ley de la atracción resume lo que las enseñanzas tradicionales enuncian como el hecho de que ahí a donde va el pensamiento, va la energía.

¿Quiere esto decir que con el simple hecho de cambiar tus pensamientos vas a cambiar tu vida? Sí y no, ya que existen sutilezas que deben tenerse en cuenta. No se trata de caer en el pensamiento mágico ni en la omnipotencia, sino de comprender que podemos cambiar nuestra vida y dirigirla hacia la felicidad a la que aspiramos y que merecemos.

SI APRENDES A
CONOCERTE, SI QUIERES
VIVIR EL ESTILO DE VIDA QUE TE
HACE FELIZ, SI DECIDES IR AL ENCUENTRO
DE TUS SUEÑOS Y DESEOS, LA LEY DE LA
ATRACCIÓN IRÁ EN EL MISMO SENTIDO QUE TÚ.
SI PIENSAS QUE LA FELICIDAD ES PARA LOS DEMÁS, QUE
NO PUEDES ALCANZAR TUS SUEÑOS, SI CONTINÚAS
REMANDO A CONTRACORRIENTE, LA LEY DE LA
ATRACCIÓN IRÁ TAMBIÉN EN ESE SENTIDO.
EN LO QUE RESPECTA A LA LEY DE
LA ATRACCIÓN, RECUERDA LOS
SIGUIENTES PUNTOS:

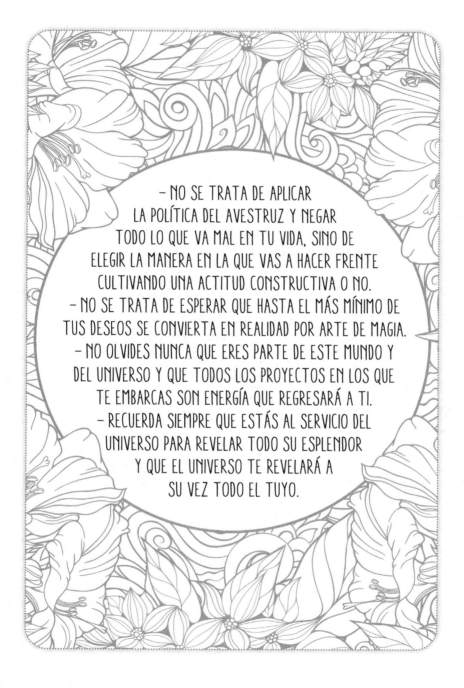

— NO SE TRATA DE APLICAR
LA POLÍTICA DEL AVESTRUZ Y NEGAR
TODO LO QUE VA MAL EN TU VIDA, SINO DE
ELEGIR LA MANERA EN LA QUE VAS A HACER FRENTE
CULTIVANDO UNA ACTITUD CONSTRUCTIVA O NO.
— NO SE TRATA DE ESPERAR QUE HASTA EL MÁS MÍNIMO DE
TUS DESEOS SE CONVIERTA EN REALIDAD POR ARTE DE MAGIA.
— NO OLVIDES NUNCA QUE ERES PARTE DE ESTE MUNDO Y
DEL UNIVERSO Y QUE TODOS LOS PROYECTOS EN LOS QUE
TE EMBARCAS SON ENERGÍA QUE REGRESARÁ A TI.
— RECUERDA SIEMPRE QUE ESTÁS AL SERVICIO DEL
UNIVERSO PARA REVELAR TODO SU ESPLENDOR
Y QUE EL UNIVERSO TE REVELARÁ A
SU VEZ TODO EL TUYO.

Para que funcione, la ley de la atracción necesita tu aprobación. Si tu aprobación va en sentido restrictivo, es lo que vivirás; si tu aprobación va en el sentido de la prosperidad, de la expansión, es lo que vivirás.

ACUÉRDATE DE ESTO: EL UNIVERSO NO ESCUCHA TUS PALABRAS, PERO RECIBE UNA VIBRACIÓN, Y ES ESA VIBRACIÓN QUE EMITES LO QUE EXPLICA TODA LA SUTILEZA DEL RESULTADO DE LA LEY DE LA ATRACCIÓN. ESA VIBRACIÓN NO SOLAMENTE SE COMPONE DE TUS PENSAMIENTOS, TAMBIÉN DE TUS SENTIMIENTOS Y EMOCIONES. ES A ESE NIVEL AL QUE DEBES TRABAJAR, ES DECIR, EN LA DINÁMICA DE LA ENERGÍA. LA LEY DE LA ATRACCIÓN NO CONSISTE EN ABSOLUTO EN CONTROLARLO TODO. Y SOBRE TODO Y PARA TERMINAR, DEBES DEJAR VÍA LIBRE AL UNIVERSO PARA QUE ESTE PUEDA INTRODUCIR EN TU VIDA «EL AZAR».

Todo el proceso para cambiar tu vida va a pedirte:

SINTONIZAR TUS PENSAMIENTOS, EMOCIONES Y SENTIMIENTOS. EL EXTERIOR RESPONDE EXACTAMENTE A TU INTERIOR. EL SECRETO DE LA LEY DE LA ATRACCIÓN ES LA FUERZA QUE IMPREGNA TU SUEÑO. TU SUEÑO REPOSA EN EL SENTIDO QUE QUIERES DARLE A TU VIDA. EL SENTIDO DE TU VIDA DEBE BASARSE EN LA ALEGRÍA Y EL ENTUSIASMO. TUS PENSAMIENTOS Y EMOCIONES DEBEN IR AL UNÍSONO. DEBES SOLTAR EL CONTROL PARA PODER DEJARTE LLEVAR.

El enfoque cuántico, o cuando la ciencia de hoy se reencuentra con el conocimiento ancestral

Aunque en la actualidad, como decía anteriormente, la ley de la atracción está de moda, no es nueva. A menudo es expuesta de manera simplista dejando de lado la dimensión fundamental presente en los textos tradicionales pero también en psicología. En concreto, fue el psiquiatra Carl Jung quien acuñó el concepto de sincronicidad: «Para mí la sincronicidad son las coincidencias, que no son raras, estados subjetivos y objetivos que no pueden ser explicados de manera causal, al menos no con los medios actuales».[*] Incluso si este concepto ha sido puesto en entredicho por la psicología clínica, lo que aquí nos interesa es que el principio de la sincronicidad presenta un desafío a la cuestión de la causalidad.

La sincronicidad pone en relación dos elementos sin causa aparente (acausalidad) ni relación con el tiempo (atemporalidad) y dotados de un significado subjetivo ya que el acontecimiento no tiene sentido para la persona que percibe o vive la sincronicidad; a menudo está relacionada con los arquetipos (campos energéticos). Estamos aquí ante un ámbito mucho más vasto que el espiritual. Hubert Reeves, astrofísico, dice al respecto:

> El plano acausal subyacente a la existencia de las leyes de la naturaleza sería aquel en el que se inscribiría la cuestión de «sentido» o «intención» en la naturaleza y en el que la conciencia del ser humano sería parte de su evolución: los acontecimientos sincronizados serían representativos de la unidad del universo...[**]

---

[*] N. de la A.: C. G. Jung, *Les racines de la conscience*, 1954 [Las raíces de la conciencia].
[**] N. de la A.: H. Reeves, *La synchronicité, l'âme et la science*, 1990 [Sincronicidad, alma y ciencia].

Lo que me parece interesante retener para el tema de este libro es la relación entre nuestro yo interno y nuestro yo externo en términos de «respuesta» a nuestra manera de pensar (en el sentido amplio de la expresión), pasando por la dinámica de la energía que invertimos de manera consciente o inconsciente (según nuestro estado interior, formado por nuestros pensamientos y emociones).

Esa dinámica es lo que justifica para mí nuestro nexo con el universo, con lo más grande.

Entramos aquí en una concepción cuántica del universo y de nuestra relación con él. En la actualidad, las nuevas corrientes psicológicas nos permiten salir del campo de la causalidad y entrar en una globalidad de campos vibratorios. Es en estas corrientes donde yo me sitúo, y me gustaría mostrar su evolución en la psicología. A finales del siglo XIX y principios del siglo XX, en Occidente, nuestra relación con el mundo exterior se puso de manifiesto gracias a... Freud. Otro personaje de referencia, un poco anterior a Freud y en el cual este último se inspiró para una parte de sus trabajos, fue el doctor Charcot. Eminente neurólogo, es conocido por su trabajo sobre la hipnosis. El nexo con el inconsciente se produjo en el ámbito de la investigación médica. Con los límites de la época, cierto, pero no podemos negar que se trataba ya de un paso enorme.

Más adelante, el nexo con nuestro mundo interior, todavía llamado inconsciente, se enriqueció gracias a Jung, el alumno más disidente de Freud. Jung amplió la noción del inconsciente al pasar de lo personal a lo colectivo. Introdujo la noción de los arquetipos y, como he mencionado anteriormente, de la sincronicidad. En el marco de sus investigaciones y experiencias personales, estudió los textos orientales y la alquimia, lo que dotó a su obra de una dimensión espiritual. Otra figura de la psicología que me parece ineludible citar es Françoise Dolto. Todo lo que hoy en día atañe a lo que llamamos lo transgeneracional (o psicogenealogía) lo puso de manifiesto su trabajo sobre la descendencia y las familias.

Todos estos investigadores y teóricos han influido en las corrientes actuales de la psicología resaltando ciertos aspectos. En el caso de la psicología *stricto sensu* de la escuela de Palo Alto, se entremezclan el aspecto clínico y nuevos enfoques influidos por las corrientes orientales. Dentro de estas nuevas corrientes, citaré también la psicología energética enfocada en los meridianos* como la EFT (*Emotional Freedom Techniques*, es decir, 'técnicas de liberación emocional'). La dinámica de la psicología energética se basa en el hecho de que toda emoción negativa conlleva una perturbación del sistema energético. Resumiendo rápidamente, diremos que su objetivo es el de transformar las emociones y restablecer el equilibrio a nivel energético. Siguiendo con las nuevas corrientes, la psicología positiva aporta una visión diferente y complementaria de la psicología clínica mediante el uso de técnicas como la meditación que permiten al individuo reforzar sus recursos internos positivos.

Todos estos nuevos enfoques han influido en el desarrollo personal, sobre todo en los enfoques energético y transpersonal. La dimensión espiritual, en el sentido más amplio de la expresión, me parece emerger del centro de todos estos planteamientos, aunque esto no sea reconocido como tal. Lo que llamamos memorias celulares forma parte de estos nuevos enfoques y se inscribe dentro de la visión cuántica del hombre y del universo. Sin embargo, en la actualidad, esta dimensión no solo es planteada por la ciencia de manera cada vez más contundente gracias a la física cuántica y las investigaciones realizadas en estos campos, sino que pone sobre todo de relieve el contenido de los antiguos textos tradicionales tanto hindúes como chinos. Todo lo que actualmente saca a la luz

---

* N. de la A.: Las terapias que trabajan con los meridianos combinan la investigación de las neurociencias con la visión de los meridianos de la acupuntura energética china.

la física cuántica ante el gran público constituye el fundamento de las filosofías orientales y fue ya claramente evocado en antiguos textos tradicionales. Tenía especial interés en mostrar este paralelismo, pues este nexo con nuestro mundo interior no es algo actual. Ha sido necesario, y aún lo es, que estas nociones pasen por la vía cartesiana, la investigación científica..., porque aún estamos separados de nuestro Ser.

Esta relación con nuestro ser interior ha evolucionado a lo largo del tiempo, se ha teñido de una u otra orientación según las épocas, pero no es nuevo.

El punto fundamental en mi opinión es que todo es vibración, el universo es vibración, nosotros somos vibración. Nuestros pensamientos y emociones son estados vibratorios. Todo lo que vibra a la misma frecuencia se atrae. A menudo pongo el ejemplo de la emisora de radio. Si sintonizas la Cadena Ser, no escucharás la BBC. Los pensamientos y emociones que calificamos de negativos, como el miedo, la cólera, la envidia, la duda... son frecuencias bajas cuya vibración es densa. Todo aquello que nos acerca al entusiasmo y a la alegría en todos sus aspectos tiene una cualidad vibratoria más alta y ligera.

Evita la política del avestruz y cultiva un estado vibratorio ligero; tu vida cambiará. Esconder la cabeza bajo tierra es negar nuestras emociones más pesadas, y eso las fortalece, como también las fortalece el hecho de alimentarlas. Esto quiere decir que puedes cambiar muchas cosas en tu vida solamente modificando tu estado interior. Si quieres aligerar tu vida, cámbialo.

Cuando nos aferramos a la causalidad en el momento en el que algo se manifiesta en nuestra vida, nos solemos remontar a una causa que es a su vez la causa de otra causa... No terminamos nunca porque continuamos en la misma vibración. Para salir de ese *modus operandi* es necesario salir de la vibración y entonces la manifestación cambiará, pero debes dejar vía libre al universo, o llámalo si quieres «azar». Permite que se inmiscuya en tu vida. A veces olvidamos este «pequeño detalle» que arrastra nuestro tren a una vía muerta.

LA RELACIÓN PASADO-FUTURO

«No evites futuros posibles antes de estar
seguro de que no tienes nada que aprender de ellos».
Richard Bach, *Juan Salvador Gaviota*

Antes hemos visto que solemos buscar soluciones en un espacio que pertenece al pasado. ¿Por qué? Porque nos apoyamos en nuestra experiencia y esta queda necesariamente detrás de nosotros. No solo eso, además proyectamos las cosas a partir de nuestra mente, es decir, desde nuestro punto de vista, que es, admitámoslo, extremadamente restrictivo. Nuestra experiencia se basa en lo que hemos vivido y nos cuesta muchísimo considerarlo de otra manera. Por supuesto, nos decimos que lo que queremos es algo diferente, pero en lo más profundo de nosotros existe un espacio que nos echa hacia atrás, como una vocecita que nos dice que no es posible, que no lo vamos a conseguir... Es lo que se suele llamar la resistencia al cambio que, por supuesto, no es voluntaria, pero responde a las experiencias que han hecho que construyamos una visión del mundo conforme a ellas. Y por supuesto, las experiencias que vivimos corresponden a nuestra visión del mundo. Es un poco esquemático, pero es así como generamos repeticiones en nuestras vidas basadas en esta dinámica, y es por ello por lo que el cambio tarda en producirse. El cambio tarda en producirse porque buscamos soluciones a partir de nuestra mente y lo ya conocido.

Buscamos mejorarnos, cambiar, pero siempre con las mismas referencias porque, en realidad, estamos luchando contra aquello que ocurre. Queremos cambiar para huir de ese dolor, de esa insatisfacción.

El punto de inflexión es la aceptación.

La aceptación es como congelar la imagen. Esta parada es necesaria para hacer balance. Esta parada que nos ofrece la aceptación nos pone en relación con una dimensión capital de nuestra vida: el momento presente.

La aceptación nos conecta con el momento presente.

Es también en el momento presente cuando podemos abandonar la mente y acceder a un espacio distinto del cual emergerá la solución.

Me gusta representar el universo como un mandala,* mediante un círculo y un centro. El centro es un punto. El punto lo condensa todo, lo contiene todo. Parar, ser consciente del momento presente, nos ofrece la posibilidad de conectarnos con ese espacio que lo contiene todo, todas las posibilidades, más allá de nosotros, de nuestra mente, de nuestro ego. En ese espacio estamos fuera del tiempo tal y como lo conocemos, estamos en un tiempo «fuera del tiempo». A partir de ahí, la fluidez y el movimiento pueden operar en nuestra vida. Aunque por supuesto quizás no como lo habíamos imaginado ya que lo habíamos imaginado con respecto a nuestro pasado.

---

* N. de la A.: Ver mi libro *Mandala: au fil des saisons*, Ed. Dangles, 2011 [Mandala, a través de las estaciones].

EL MOMENTO PRESENTE
CONTIENE UN CAMPO INFINITO
DE POSIBILIDADES NO SOLAMENTE
EN TÉRMINOS DE EXPERIENCIAS, SINO
TAMBIÉN DE RECURSOS INTERNOS.
EL MOMENTO PRESENTE ES EL
MOMENTO DEL CAMBIO.

Aceptar, saber parar, dejar que el momento presente sea significa conectarse con nuestro Ser y permitir que toda la fuerza que está ahí emerja.

Es de este espacio, de esta dimensión, de donde las soluciones salen un buen día; donde un verdadero cambio, una transformación, puede darse. Ello exige dejar de lado nuestra mente y nuestro lado analítico.

El momento presente te permite acceder a lo que yo llamo el kilómetro cero. Ahí todo es posible y solo depende de tu grado de fe.

¿Por qué esta restricción? Porque es la que nosotros mismos nos ponemos en forma de dudas... Es un poco como si extrajéramos la energía primordial de esta fuente. La energía es neutra y está libre de juicios, positivos o negativos, pero va a teñirse poco a poco de unos y otros según vaya descendiendo y atravesando las capas de nuestro ser hasta llegar al plano material.

Pero entonces, ¿quiere eso decir que incluso viviendo en el momento presente y conectándonos a ese espacio, nunca podremos cambiar? Bien seguro es que no. Existe un parámetro que va a marcar la diferencia: el corazón. No el corazón físico, el órgano, sino la dimensión del corazón: ese espacio de nuestro ser conecta la dimensión espiritual con la material. Nuestro corazón, en términos de espacio, siempre late en resonancia con ese punto más alto. Evidentemente, no tenemos consciencia de ello porque es sutil.

Sin embargo, puedes verlo en tu vida a través de esa sensación de no estar alineado, por las emociones que te dominan en un modo de «separación». Buscamos en el exterior un montón de compensaciones cuando todo está en realidad dentro de nosotros, solo que no sabemos verlo y, sobre todo, no nos tomamos el tiempo para hacerlo. Dejamos a los demás la tarea de conectarnos a nosotros mismos. El otro solo puede ayudarnos a recobrar la fluidez que está en nuestro interior. Cuando estamos en este espacio, podemos dirigir nuestras vidas de manera diferente y, como bien dice el al-quimista, «todo el universo conspira para que puedas cumplir tu deseo».

NUESTRO DESEO ESTÁ EN RELACIÓN CON EL ESPACIO DE NUESTRO CORAZÓN. EL ESPACIO DE NUESTRO CORAZÓN LATE AL RITMO DE NUESTRO DESEO.

Te propongo que te fijes en el esquema siguiente:

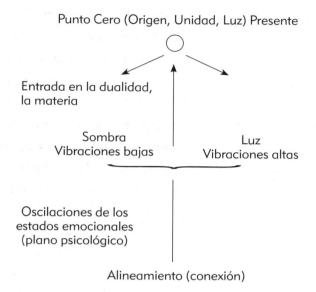

La vía Cero Límites

Vivimos en la dualidad. Entramos en la dualidad a partir del momento en el que entramos en la materia, en el que nos encarnamos. El mundo de la manifestación es dual. Sin embargo, podemos vivir esto de manera más o menos armoniosa, con más o menos separación entre los dos polos.

Para comprender esta separación, volvamos al mundo de las emociones. Una emoción es ante todo un estado vibratorio. Como ya hemos visto, las emociones a las que llamamos negativas no tienen nada de negativo de manera intrínseca; es el estado vibratorio que nosotros sentimos lo que es pesado, lo que nos limita, lo que nos hace calificar estas emociones como negativas. Las emociones son arquetipos, una especie de núcleos de energía. Esta energía posee dos polos o polaridades. Una va a estar considerada como positiva y la otra como negativa. Pongamos el ejemplo del miedo. El miedo es un arquetipo que vas a encontrar en todos los cuentos. Habitualmente, va ligado al mito del viaje del héroe, quien tendrá que superar ese miedo gracias al valor y la confianza que irán emergiendo a medida que se desarrollen los diferentes acontecimientos. Traducido en términos de energía, el miedo es la polaridad restrictiva de un arquetipo, el de la confianza.

Cada vez que te digas: «No tengo confianza en mí», estás en la polaridad del miedo. Imagina que tienes un cursor que puedes mover a cierta amplitud; a la izquierda vas a colocar el miedo y en la misma línea, pero en el otro extremo, vas a situar la confianza.

Miedo ←⎯⎯⎯⎯⎯⎯→ Confianza

Cuanto más grande sea la amplitud entre los dos polos, más sentirás el polo negativo cuando estés en este tipo de vibración.

Otro punto importante, incluso de vital importancia para mí, es el hecho de comprender que el polo negativo solo existe en relación con el positivo. Lo que quiere decir que estamos dentro de la misma dinámica, solo que una es una vibración baja y restrictiva y la otra es una vibración alta, de apertura. No olvides que tú estás en la apertura, que puedes conectar con todo un campo de posibilidades, el universo... Podríamos comparar esto con la dinámica de la sombra. Desarrollaré este concepto dentro de la dinámica de la sombra en referencia a la luz, fuera del marco de la psicología analítica (junguiana). Si entras en una habitación oscura y das al interruptor, verás de forma clara. La luz predomina ante la oscuridad. Me parece importante señalar esto porque, para mí, cada vez que estamos ante una polaridad restrictiva, es como si estuviéramos a oscuras. Esto quiere decir que cuando vemos limitaciones como por ejemplo el miedo, no vemos que sea una polaridad del mismo núcleo de energía cuya polaridad opuesta es la confianza. Es como si la confianza fuera algo externo, otra cosa totalmente diferente, cuando en realidad está dentro de nosotros; únicamente no reconocemos su frecuencia vibratoria.

Cada vez que nos situamos en polaridades «positivas», aumentamos nuestro nivel de energía. Es lo que llamamos el «cero límites» cuando hablamos de la técnica del Ho'oponopono, la tradición social y espiritual de arrepentimiento y reconciliación de los antiguos curanderos hawaianos. Es también ese espacio que encontramos en ciertos estados de meditación, el espacio desde donde todo emerge y a lo que todo vuelve. Me gusta llamarlo punto cero o espacio de infinitas posibilidades.

Pero ¿por qué punto cero? Porque el cero está representado por un círculo que puede expandirse hasta el infinito y si lo encogemos, se convierte en un punto. El punto lo concentra todo. Estamos aquí en relación con la Fuente, con el Momento. En este espacio, nos encontramos más allá del tiempo y la materia. Estamos en la Verticalidad, en la gran Respiración del Tiempo y de Fuera del Tiempo y Espacio. En nuestros estados de conciencia ordinarios, siempre nos encontramos en un espacio de dualidad a partir del cual creamos, de manera consciente o inconsciente, una relación pasado-futuro. Funcionamos de «manera horizontal», de forma lineal, lo que significa que proyectamos nuestro futuro a partir de nuestras experiencias del pasado.

Cuando vivimos en el momento presente y estamos en conexión con este espacio, podemos crear cosas diferentes y las programaciones antiguas se anulan. En este espacio estamos más allá de la mente. Ya no son ni nuestro ego, ni nuestra mente, ni nuestras emociones los que nos controlan.

Sin embargo, a menudo buscamos neutralizar la polaridad «negativa». Al hacerlo, estamos en realidad alimentándola ya que le prestamos atención. Si retomamos el ejemplo del miedo, este pertenece al espacio energético de la confianza; vendría a ser la zona oscura de dicho espacio.

En cuanto a la cólera y el odio, se trata de las polaridades «negativas» de la paz. Estamos en el mismo campo de energía, solo que unos se sitúan en vibraciones bajas, o incluso extremadamente bajas, y el otro en vibraciones altas y luminosas. Si prestas atención a cómo te sientes, te darás cuenta de que te sientes pesado cada vez que estás más bien en el lado de las vibraciones bajas, mientras que cuando estás en una vibración alta, te sientes bien. Cada vez que te encuentres en este tipo de vibración, te estarás acercando a tu Ser más profundo, a tu eje, a tu Fuente. En el caso contrario, estás «fuera de ti», descentrado. Cuanto más alto vibres, como la vibración de la paz por ejemplo, más disminuirá la otra, no solamente en ti sino también a tu alrededor. ¿Por qué ocurre esto? Porque estamos en un espacio de vibraciones, de arquetipos, de ondas de energía, y las ondas se propagan. La luz ilumina las tinieblas, no lo olvides.

Liberarse del pasado

«Cada victoria aumenta nuestra confianza y experiencia, nos hace más fuertes y más aptos para afrontar lo nuevo. Nuestra actitud positiva aumenta porque grabamos en nuestro subconsciente que hemos tenido éxito».

W. Clement Stone, *El sistema infalible para triunfar*

Nada está escrito. Somos seres compuestos de energía física y sutil, vivimos en un mundo de energía. El dicho «conócete a ti mismo y conocerás a los dioses y el universo» ha llegado desde la antigüedad hasta nuestros días. ¿Y qué es lo que hacemos? ¿Y si conocerse constituyera el motor de nuestra evolución, de nuestra transformación y de nuestra Felicidad? Gracias a un autoconocimiento bien llevado a cabo y la aplicación de ciertos principios, aún llamados Leyes Universales, podemos cambiar muchas cosas de nuestra vida.

PARA TODOS AQUELLOS QUE NO SABEN LO QUE QUIEREN

¿Te has dado cuenta de que mucha gente sabe lo que quiere, que tiene proyectos? Sin embargo, tú no sabes lo que quieres y te sientes solo ya que lo que llama tu atención son los otros, esas personas que saben lo que quieren. Tienes la impresión de quedarte en la cuneta mientras la vida pasa ante tus ojos.

Lo primero de todo, sé consciente de que no eres el único. Mucha gente no sabe lo que quiere o, al menos, dice no saber lo que quiere. Cuando perteneces a este grupo, te encuentras en una especie de vacío, como si ninguna idea te viniera a la cabeza.

Y bien, que sepas que existen dos formas de ser y que ambas responden a una ley que yo llamaría de complementariedad. Esta «ley de complementariedad» es la que hace que haya hombres y mujeres que no se oponen entre sí, sino que se complementan gracias a funcionamientos diferentes... También es esta ley la que hace que exista el día y la noche, que el día esté más orientado a la acción y la noche al descanso. Estos dos momentos se complementan ya que necesitamos que ambos existan, acción y reposo.

Hay dos energías que se complementan. Una lleva a la acción y la otra a la receptividad. En términos de polaridad, una es masculina y la otra femenina. Es lo que podemos llamar el yin y el yang. Estas dos energías se alternan para crear un movimiento. Cuando te fijas en las personas que saben lo que quieren, es como si solamente te fijaras en el polo de actividad, el yang, sin tener en cuenta el otro extremo. Porque lo que no sabes es que no puedes estar únicamente en la actividad o en la receptividad. Es por ello por lo que en el símbolo del Tao, también llamado yin y yang, hay un pequeño círculo del color opuesto que recuerda esta dinámica. Según este concepto, somos uno y otro a la vez.

En la psicología junguiana vamos a encontrar el mismo principio. El hombre, de polaridad masculina, posee una polaridad interior, psíquica, que es femenina y que él debe aprender a encarnar. Inversamente, la mujer, de polaridad femenina, posee una polaridad interior masculina que también debe aprender a encarnar.

Este concepto fundamental nos ofrece una visión diferente en lo que concierne a la forma de ser de las personas. Nuestra sociedad, que promueve los objetivos y el rendimiento, opera desde una polaridad ligada a la acción. Sabemos cuál es el resultado, sobre todo a nivel profesional, donde un creciente malestar invade las empresas. Esta búsqueda de objetivos lleva a la gente a actuar exclusivamente en modo acción, o incluso reacción. Hemos dejado de lado el factor humano. Sin embargo, ese factor humano es esencial para cualquier éxito que se precie, incluso si durante un tiempo podemos constatar los resultados y pensar que somos capaces de olvidarnos de ese factor. En el ámbito profesional, esta manera de actuar va en detrimento de la salud de las personas, que pierden calidad de vida porque pierden lo que realmente son. Al cabo del tiempo, es el futuro de la empresa lo que está en juego. Hoy en día se pueden constatar dos cosas a nivel profesional: un malestar cada vez mayor tanto en el sector público como en el privado y una cantidad cada vez mayor de individuos que se plantean montar su propio negocio. Es como si solamente fuéramos «acciones humanas». Somos seres humanos y debemos volver a nuestra interioridad, debemos cesar de estar perpetuamente en el hacer para que pueda existir la alternancia entre ser y hacer.

Cuando nos damos cuenta de que existe tanta gente que no sabe lo que quiere, podríamos tener tendencia a pensar que es porque carecen de capacidad de resiliencia, o incluso que su impulso vital no es lo suficientemente fuerte.

Si no sabes lo que quieres es porque no estás funcionando en la acción, sino en la receptividad. Basta con cambiar tu punto de vista. Lo que ves son aquellos que saben lo que quieren en comparación contigo, que no sabes lo que quieres. Es así como se expresarán estas dos formas de ser. En realidad, no puedes abordar las situaciones del mismo modo que los otros. No hay mejor ni peor forma de hacerlo, simplemente dos maneras de ser diferentes.

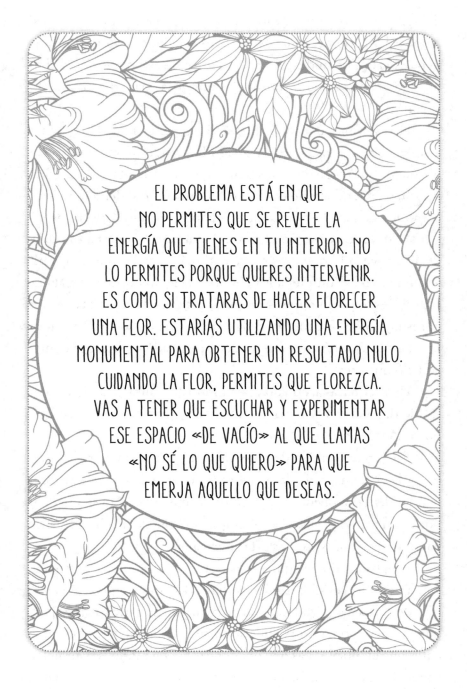

EL PROBLEMA ESTÁ EN QUE
NO PERMITES QUE SE REVELE LA
ENERGÍA QUE TIENES EN TU INTERIOR. NO
LO PERMITES PORQUE QUIERES INTERVENIR.
ES COMO SI TRATARAS DE HACER FLORECER
UNA FLOR. ESTARÍAS UTILIZANDO UNA ENERGÍA
MONUMENTAL PARA OBTENER UN RESULTADO NULO.
CUIDANDO LA FLOR, PERMITES QUE FLOREZCA.
VAS A TENER QUE ESCUCHAR Y EXPERIMENTAR
ESE ESPACIO «DE VACÍO» AL QUE LLAMAS
«NO SÉ LO QUE QUIERO» PARA QUE
EMERJA AQUELLO QUE DESEAS.

Al percibirte a ti mismo como «no sé lo que quiero» has estado rechazando tu forma de ser. Y es esta lucha contra ti mismo lo que te aleja de tu deseo. La aceptación de ese «vacío» es el abono para que brote lo que eres y el primer paso para que tus deseos germinen.

Una vez más, cuando hablamos de quiénes somos, tendemos a situarnos en el modo de la acción buscando fuera de nosotros mismos, como si debiéramos ponernos una etiqueta, como si otra persona debiera saberlo en nuestro lugar, como si debiéramos ser como los demás. Recuerda que cada persona es única. Estás intentando definirte según el mundo exterior, lo que han podido decirte... Pero lo que eres es mucho más sencillo que eso y a la vez mucho más complejo. Mucho más sencillo porque se trata de buscar dentro de uno mismo, y mucho más complejo porque eres el resultado de una multitud de facetas que coexisten en armonía. La desarmonía no es más que el resultado de la lucha contra aquello que eres.

Una vez hayas aceptado y permitido que surja lo que está dentro de ti, pasarás a la acción de manera fácil y natural, y sucederá; no lo dudes.

Asegúrate también de observar que, para mantener el equilibrio y la armonía, todas las personas que saben lo que quieren tienen tendencia a olvidar el estado de receptividad. No se puede ir por la vida sin descansar pero tampoco se puede ir por la vida sin pasar a la acción. Necesitas esta alternancia.

He observado que quienes no saben lo que quieren muestran a menudo una sensibilidad exacerbada. Es como si percibieran el mundo con mayor agudeza pero no pudieran ponerle palabras porque intentan procesarlo de modo mental. Es como poner el carro antes que el caballo. Las personas que están en modo activo suelen partir de una forma; las que están en modo receptivo solo darán con la forma después de haberse conectado con este espacio de sentimientos que es su motor.

Por último, muchos individuos que piensan que no saben lo que quieren han corrido a menudo un tupido velo en cuanto a sus aspiraciones más profundas al considerarlas como algo imposible. Aquello a lo que aspiras profundamente te conecta con tu más profundo ser. Si está ahí es porque te pertenece y debes hacer algo al respecto. Sin embargo, si las personas no saben lo que quieren es porque no escuchan esa parte de sí mismas y buscan fuera.

Imagina que tienes una parcela con suelo apto para el cultivo de la vid, pero no la utilizas para ello y plantas otra cosa en su lugar. La tierra para la vid no es apta para gran cosa. Lo único que harás es constatar la dificultad. En realidad, no utilizas el valor intrínseco de esa tierra. Es exactamente lo mismo que ocurre con respecto a lo que aspiras.

YA TIENES LA VIDA QUE SOÑABAS

> «Descubre lo que te gustaría hacer y haz
> todo lo posible para conseguirlo».
> **Richard Bach, *Juan Salvador Gaviota***

Cada uno de nosotros tiene la vida que había soñado. Sé que muchos de vosotros protestaréis ante esta afirmación, y sin embargo os aseguro que así es. Tienes la vida que siempre soñaste, siempre la has tenido y siempre la tendrás.

No estoy diciendo que estés satisfecho de tu vida, no estoy diciendo que no tengas sueños, pero de lo que estoy segura es de que no crees en esos sueños. También estoy convencida de que estás esperando que algo suceda en el mundo exterior para realizar tus sueños. Cuando la situación mejore..., cuando hayas conseguido tal o tal cosa..., cuando hayas arreglado esto otro..., cuando tu marido cambie... Siento decirte que tus sueños nunca se cumplirán simplemente porque no estás centrado, no escuchas a tu corazón, no haces caso a lo que te dicta tu alma. Vives en el pasado y con expectativas que reposan sobre todo salvo tus sueños.

¡Las personas que realizan sus sueños tienen mucha suerte! Es lo que solemos pensar. Es lo que muchos piensan. Como tú piensas que no es posible realizar tus sueños, ocurre de manera diferente para ti. Si dejas tus sueños en el estadio de lo imposible, estás remando a contracorriente.

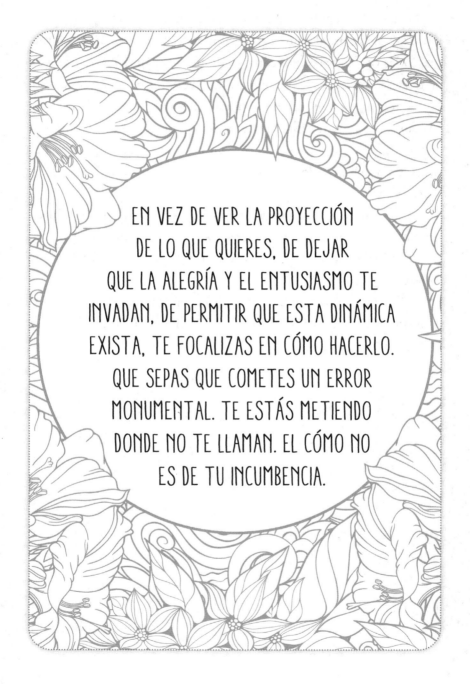

EN VEZ DE VER LA PROYECCIÓN
DE LO QUE QUIERES, DE DEJAR
QUE LA ALEGRÍA Y EL ENTUSIASMO TE
INVADAN, DE PERMITIR QUE ESTA DINÁMICA
EXISTA, TE FOCALIZAS EN CÓMO HACERLO.
QUE SEPAS QUE COMETES UN ERROR
MONUMENTAL. TE ESTÁS METIENDO
DONDE NO TE LLAMAN. EL CÓMO NO
ES DE TU INCUMBENCIA.

Cuando tu coche tiene una avería y necesita ser reparado, te lo imaginas volviendo a funcionar normalmente para poder llevarte a todas partes. Vas al mecánico. No te preocupa saber cómo va a arreglar la avería, lo que te interesa es recuperar tu coche reparado.

Pues bien, en el caso de los sueños, es exactamente lo mismo. Visualiza el estilo de vida que llevarás cuando tu sueño se haya hecho realidad. No te preocupes en cómo va a suceder, porque hay una fuerza más grande que tú, el universo, que está ahí para encargarse de ello.

Otro ejemplo que me gusta mucho es el de la semilla. Cuando plantas una semilla, no te preocupas en saber cómo va a crecer, no la desentierras para saber cómo va. Lo que ves es el árbol que quieres.

Determinar lo que deseas significa elegir una dirección en la cual pondrás toda tu energía; el universo hará el resto.

NO CONFUNDAS LOS
DETALLES CON LA DIRECCIÓN
HACIA LA CUAL QUIERES IR.
PARA DETERMINAR LO QUE QUIERES
OBTENER NO ES EN ABSOLUTO
NECESARIO CONTROLAR
TODO EN TU VIDA.

Siempre me ha gustado escribir. Ya en el colegio me encantaban los dictados. Sin embargo, la ortografía no se me daba muy bien, y si no hubiera entrado en el universo de los escritores gracias a los dictados, me habría desanimado rápidamente. A través de sus historias, me proyectaba en el tiempo, imaginaba a los autores... Más tarde, ya en el instituto, odiaba cada vez que se me preguntaba mi opinión sobre un texto. Me sacaba de mi ensoñación. Viajaba hasta donde vivía Victor Hugo, imaginaba su casa, su mesa de trabajo, y hacía lo mismo con otros autores, ya fueran más antiguos o modernos. Por supuesto, unos me gustaban más que otros. En realidad, sentía la energía que transmitían a través de su escritura. Era una parte de ellos, de su personalidad, de su vida. De forma bastante natural, me imaginaba a mí misma escribiendo, sin una idea precisa, pero me veía en mi escritorio... Entonces era una adolescente. En aquella época, escribía sobre todo poemas. Más adelante conocí a un escritor y me entraron ganas de escribir hasta que llegó un día en el que se hizo evidente. Sabía que quería escribir. No tenía ni idea de cuándo ni sobre qué, pero era una certeza que sentía en todo mi ser.

Unos cuantos años más tarde, acaricié la idea de colaborar con alguna revista, pero no sabía cómo conseguirlo. Un día, estando de vacaciones, llovía. Entré en la librería que conocía de siempre y, hablando de todo y de nada, abrí una revista relacionada con el campo que me gustaba. De repente le pregunté a mi librera si sabía cómo podría hacer para escribir en este tipo de revistas. «Pregunta a... que está ahí mismo». Me acerqué al señor en cuestión, que estaba firmando libros, y hablamos durante un buen rato. Este hombre era precisamente redactor jefe de una revista en la que había una sección que correspondía a mis competencias y además... estaba buscando un colaborador. Estábamos sincronizados, el universo respondía a mi deseo.

Así es como empecé a escribir de manera profesional. Hasta el día en el que mi deseo de escribir un libro creció. El tema vino hasta mí. Escribí el libro. Después escribí otros porque se hizo evidente que llevo dentro de mí la necesidad de transmitir a través de los libros.

No solamente me encanta escribir, sino que sobre todo está todo lo que hay alrededor del libro y que forma parte del sueño de mi vida. Me refiero a la comunicación, las conferencias, las firmas, los seminarios que organizo, el público con el que conecto. A nivel profesional, es el estilo de vida al que aspiraba. Y este estilo no es fijo, evoluciona conmigo en función de lo que me parece importante transmitir al público.

Si te cuento esta historia es porque el proceso es bastante evidente. Está el sueño que evoluciona en forma de deseo, y luego el paso a la acción. Cuando escribí mi primer libro, no pensé en cómo iba a hacer para publicarlo. Visualizaba el «producto terminado». Era algo que se imponía de forma evidente. Y eso es lo que experimento con cada uno de mis libros.

No solamente tenía la idea, algo difusa, en forma de sueño, también tenía una sensación. Lo que quiere decir que el proceso era asimismo emocional. Y este aspecto emocional se manifiesta con la alegría, el entusiasmo y la motivación.

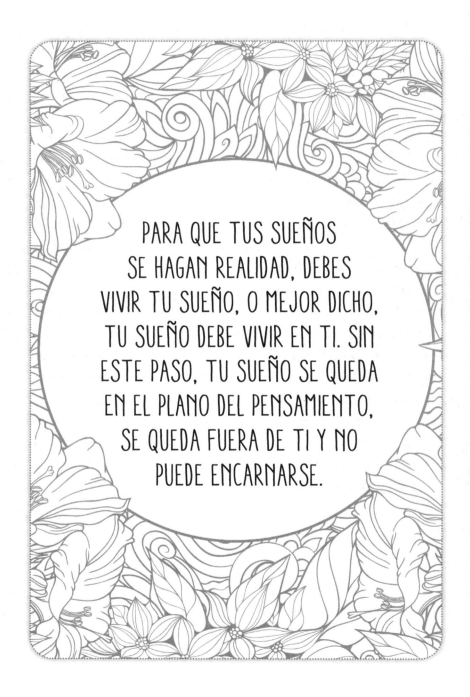

PARA QUE TUS SUEÑOS
SE HAGAN REALIDAD, DEBES
VIVIR TU SUEÑO, O MEJOR DICHO,
TU SUEÑO DEBE VIVIR EN TI. SIN
ESTE PASO, TU SUEÑO SE QUEDA
EN EL PLANO DEL PENSAMIENTO,
SE QUEDA FUERA DE TI Y NO
PUEDE ENCARNARSE.

TU SUEÑO DEBE VIVIR DENTRO DE TI

«Por mucho tiempo que te quedes junto al río, no entrará en tu boca un trozo de pato cocinado».
Guy Kawasaki

Cuando vives en una casa, inviertes en ella. La eliges siguiendo tus deseos y luego la decoras. La arreglas de manera que se adapte a tu estilo de vida y al confort que deseas.

En el caso de tus sueños, debería suceder lo mismo. Desgraciadamente, a menudo hacemos las cosas por obligación. Si actuamos en función del mundo exterior, en función de los demás, dejamos de estar alineados con quien verdaderamente somos y nos alejamos de nuestros sueños.

Por desgracia, a menudo es el exterior lo que determina nuestras vidas. El exterior, los otros, son todas las creencias que tenemos, todas las ideas preconcebidas, todos los patrones en los cuales nos hemos inscrito. Todo esto suele ser lo contrario al estilo de vida que deseas. Y sin embargo dejar que tus sueños te habiten es posible.

LO PRIMERO QUE
DEBES HACER ES
APRENDER A CONOCERTE.
CREES QUE TE CONOCES, PERO
¿ESTÁS SEGURO DE QUE LO QUE
CONOCES DE TI MISMO NO ES
EL RESULTADO DE LO QUE TE
HAN DICHO QUE ERES?

Debes habitar aquello que es grande en ti. Es como si solo vivieras en una habitación de la casa; de nada te serviría tener una casa preciosa y enorme. Y lo que es peor, malgastarías energía. Es exactamente lo que ocurre cuando no encarnas tus sueños.

Algo muy común y que frena a muchas personas en la realización de sus sueños es que piensan que no es posible tener la vida con la que sueñan. Es como si hubiera dos niveles superpuestos, el de la realidad a menudo llena de insatisfacción y una especie de nube que se cierne sobre nosotros y que no podemos alcanzar a causa de creencias que nos bloquean.

Cuando compras una casa, la visitas y te fijas bien en todo. Es lo que vamos a hacer juntos aquí. Vamos a repasar las diversas creencias que puedas tener y todo aquello que pueda hacerte remar a contracorriente.

Entre esas creencias, como acabamos de ver, está todo aquello perteneciente al ámbito de lo imposible, pero también todo lo del «no lo suficiente». En este ámbito, las creencias que tienes pueden tomar formas del tipo «no soy lo suficientemente bueno», «no soy como debería o se espera de mí», «no estoy a la altura», «no me lo merezco»…

Los ámbitos de lo imposible y del «no lo suficiente» son en cierta medida la base de tus creencias. La mayoría de las veces se basan en la falta de autoestima y en los mandatos inconscientes a los que nos hemos suscrito. Cuando profundizamos en estas creencias, nos damos cuenta de que no nos pertenecen, y sin embargo nos hemos adherido a ellas —ya sea porque se trate de una especie de leyes familiares, ya sea porque son creencias compartidas por mucha gente— y, en algún lugar en nuestro interior, las hemos hecho nuestras sin antes comprobar si nos convienen o no.

Pero antes de seguir, piensa primero en el estilo de vida que te gustaría llevar y tómate tu tiempo para percibir el estado interno de bienestar que ello te procura con solo imaginarlo.

A continuación, analiza cuáles son las objeciones, las «buenas» razones que surgen para hacerte dar marcha atrás, renunciar, dudar...

Y después hazte esta pregunta:

¿DE DÓNDE HE SACADO QUE NO SERÍA POSIBLE?

Estas creencias de base que te mantienen en la inacción y la impotencia tienen colores un poco más precisos en función de ciertos parámetros. Conocer las diferentes tonalidades te permitirá eliminar los bloqueos. Es lo que vamos a ver ahora.

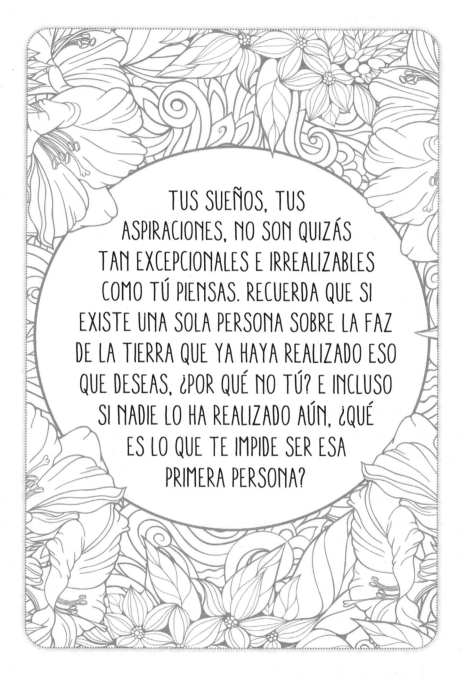

TUS SUEÑOS, TUS ASPIRACIONES, NO SON QUIZÁS TAN EXCEPCIONALES E IRREALIZABLES COMO TÚ PIENSAS. RECUERDA QUE SI EXISTE UNA SOLA PERSONA SOBRE LA FAZ DE LA TIERRA QUE YA HAYA REALIZADO ESO QUE DESEAS, ¿POR QUÉ NO TÚ? E INCLUSO SI NADIE LO HA REALIZADO AÚN, ¿QUÉ ES LO QUE TE IMPIDE SER ESA PRIMERA PERSONA?

Para terminar este apartado, me gustaría compartir una historia inspiradora, la de Morgan Freeman, actor y director estadounidense. Un día recibió la visita de una periodista encargada de relatar algo verdaderamente original que nunca se hubiese contado sobre él; la entrevista giró en torno a su película *Million Dollar Baby*, por la cual había recibido un Óscar. El Óscar estaba sobre un mueble en mitad del salón. La periodista no vio nada original en ello y le pidió disculpas al actor y le dijo que no le podía presentar ese tema a su jefe. En ese momento, Morgan Freeman le confesó: «Lo que he olvidado decirte es que hice fabricar este mueble especialmente para el Óscar cinco años antes». La periodista cambió de opinión...

¿HACIA DÓNDE ESTÁS MIRANDO?

«*Si puedes soñarlo, puedes hacerlo*».
Walt Disney

Tus sueños son imposibles, no es el mejor momento para ti ya que antes debes solventar ciertas cosas, no sabes lo que quieres, estás acostumbrado a actuar así, es cosa de familia... ¿Sabes lo que son todas esas frases? Frenos. Estás haciendo dos cosas a la vez: aceleras y luego frenas. Aceleras porque tienes sueños, quieres ser feliz, tienes proyectos, deseas cambiar. Frenas porque te fijas en los obstáculos y, sobre todo, les das prioridad.

Los frenos y el acelerador contienen dos dinámicas que podemos ver en términos de carencia y abundancia. Mientras estés en la insatisfacción, estarás en la carencia. Se trata de una energía de restricción. La carencia es un espacio vacío; sin embargo, a la naturaleza le horroriza el vacío. Este concepto de carencia es fundamental y dirige la vida de muchos de nosotros. Va a interferir en todos los ámbitos y adoptará formas más o menos sutiles. Ya se trate del ámbito emocional —a menudo la fuerza motriz—, el profesional, el material o el financiero, si vives a partir de la carencia, se hará sentir. Es en este espacio de carencia donde todas las emociones de baja vibración se infiltrarán.

Es muy fácil saber si tienes más bien tendencia a situarte en este espacio de carencia: si dependes del exterior (de lo que los otros piensan de ti o de algo que estás esperando y que va a ayudarte a ser feliz...), significa que ese vacío está presente.

Antes te decía que ya tienes la vida que soñabas... pero seguro que te sentiste escéptico. Lo serás menos cuando comprendas que si no tienes lo que desearías tener, si tu vida no está a la altura de tus aspiraciones y expectativas, es porque te inclinas hacia la carencia. Sueñas tu vida desde la carencia.

Por supuesto, hay mucha gente satisfecha con su vida, o al menos en apariencia, porque con el tiempo nos acostumbramos a adaptarnos. ¿Por qué buscar más de todas formas? Tu vida te satisface, solo que si lo piensas bien, aun así existen recodos en los que no es del todo cierto..., un oficio que te hubiera gustado ejercer, estudios que te hubiera gustado hacer, una persona a la que admiras porque tiene lo que sueñas, compañeros que son «más que tú», una relación de pareja que no es completamente satisfactoria... Y tú te has adaptado a todo eso. Sigues jugando en pequeño cuando en realidad tienes una cancha en la que puedes desarrollar todo tu potencial.

Puedes liberarte del pasado, y de forma rápida. Tu realidad actual es la huella de tu pasado. Tu realidad está hecha a partir de tus pensamientos, de tus juicios de valor, de todas tus limitaciones. Una realidad diferente estará libre de todo eso. ¿Te parece esotérico? Lo que experimentas, por tanto, son todas tus creencias limitadoras. En una fracción de segundo, puedes cambiar tu realidad.

Esta fracción de segundo, lo has visto ya, es esa que te hace entrar en el campo de todas las posibilidades. No tienes que retirarte del mundo, vestirte de blanco o hacerte vegetariano, solo tomar conciencia de que lo que estás viviendo está marcado por tus limitaciones, abrirte a la intención del cambio y sentir ese espacio de apertura interior. Sentirás que algo ha cambiado en ti y se ha hecho más ligero.

Cada vez que transformas tu realidad al cambiar tu manera de ver el mundo, estás creando nuevas conexiones neuronales. Llevará un tiempo hasta que el campo de nuevas conexiones se intensifique y se establezca, pero ¡merece la pena!

¿Y si comenzaras por explorar el terreno, para saber a qué atenerte? Recuerda que no se trata de buscar las causas, solo de identificar cómo funcionas en lo respectivo a tus creencias y limitaciones.

El ámbito afectivo

El ámbito afectivo es el más representativo de la carencia, es incluso la fuerza motriz. El ámbito afectivo es el crisol que va a permitirnos proyectarnos en la vida con una conciencia más o menos positiva del valor que tenemos, de lo que merecemos o no. Es el aspecto emocional lo que determinará nuestra autoestima y la confianza que tenemos en nosotros mismos.

Permíteme tranquilizarte de inmediato: esto no es un problema, incluso puede resolverse muy bien siempre que se sea consciente de ello y se decida cambiar. Aunque tu educación fuera en ese sentido y fuera así en tu familia, no les eches la culpa a tus padres, porque ellos solo conocían esa forma de hacer las cosas, ya que también crecieron en la misma dinámica.

El ámbito afectivo se basa en la manera en la que nos queremos a nosotros mismos, no de forma egoísta esperando que todo el mundo nos haga halagos o que nos tenga en consideración, sino más bien en el respeto que nos otorgamos. El respeto que tenemos hacia nosotros mismos no está solamente relacionado con lo que valoramos de forma positiva, sino también con lo que valoramos menos o nada en absoluto. Estoy de acuerdo en que esto último es menos obvio, ya que tratamos de alejar todo lo que nos molesta, nos lo ocultamos a nosotros mismos. O incluso tratamos de compensarlo con el exterior. En otras palabras, no nos queremos.

Lo afectivo, además de la relación «de amor» que nos otorgamos, incluye también las relaciones con los demás. Dentro de las relaciones, están las de amistad, pero también las de trabajo. ¿Qué tipo de amigos tienes? Y en cuanto al trabajo, ¿cómo son tus relaciones profesionales? Quizás te sorprenda saber que tus relaciones profesionales dependen del valor y el respeto que te das a ti mismo.

Me estoy acordando de personas a las que he acompañado que tenían una imagen muy negativa de sí mismas. Algunas habían sido incluso víctimas de acoso laboral, a veces en varias ocasiones. Desde el momento en el que recuperaron una dinámica de respeto y confianza en sí mismas, sus relaciones profesionales cambiaron. Fijaron sus límites, que fueron respetados, y las que habían sufrido acoso fueron capaces de superar este problema.

Lo que ha cambiado en estas personas es el hecho de haber reconocido sus expectativas en relación con su falta de amor propio; tuvieron en cuenta sus emociones y poco a poco dieron una dirección constructiva a sus vidas al decidir lo que querían, es decir, ser respetadas.

ESTAS PERSONAS
COMENZARON POR
RESPETARSE.

Una de las cosas que pueden ayudarte a aclarar tus relaciones es saber si eres de esos a los que no les gustan los conflictos. Si es así, fíjate en el impacto que esto tiene en tu vida. Estoy segura de que te crea tensión, que luchas en tu interior porque no te atreves a poner límites. Pero, aun así, haces todo lo posible para evitarlos, o al menos eso es lo que crees.

En general, aquello a lo que llamamos conflicto es el hecho de tener una forma diferente de ver las cosas, de tener un punto de vista y no atreverse a decirlo. No decimos nada, ya sea para no herir a los demás o bien para no enfadarlos, porque nos esforzamos en seguir siendo la buena persona que siempre hemos sido. Otros no dicen nada por miedo a ser rechazados, por miedo a que les digan que no. Para mucha gente, recibir una negativa significa un rechazo.

Te pasas la vida haciendo sacrificios para que todo vaya bien; sin embargo, un conflicto larvado es destructivo. Por otro lado, puede ser que la situación no sea tan conflictiva como piensas... Intentas tranquilizarte para no pasar a la acción. Hacer frente a una situación que se considera conflictiva te traerá libertad interior ya que aumentarás tu energía en lugar de dejar que se estanque. Tener una opinión diferente, adoptar una postura y hacer valer tu forma de ver las cosas puede hacerse de manera tranquila. No hay que confundir firmeza con agresividad.

En cuanto a las emociones, el ámbito por excelencia en el que intentamos compensar nuestro vacío es la pareja. Una gran mayoría de personas va a intentar colmar las carencias afectivas que ha sufrido. Será el motor de la pareja hasta el día en que se produzca la ruptura. Algunos pasarán de una relación a otra repitiendo los mismos errores. Si al principio una relación es estimulante, después de un tiempo lo es menos. ¿Por qué? No es únicamente porque soportamos menos (o nada en absoluto) los defectos del otro, eso es en apariencia, sino porque el otro no responde a nuestras expectativas. Y nuestras expectativas, en función de nuestra historia, pueden ser más o menos importantes. Se resumen en esperar que el otro colme la carencia afectiva que hemos tenido. A veces esta carencia se asemeja tanto a un abismo que va a generar incluso relaciones de dependencia afectiva.

Evidentemente, no se suele presentar de manera tan clara. No llegas gritando en voz alta al afortunado o afortunada en cuestión: «Hola, no he sido amado. No sentirse amado es horrible. Si supieras la falta de cariño que he tenido...Por suerte, tú vas a poder colmar ese vacío». ¿Qué haría el afortunado o afortunada si anunciaras algo así? O bien es una persona lúcida y se dice: «Qué mala pata..., yo que pensaba que él (ella) me daría todo el amor que no me han dado...» (evidentemente, como se siente algo culpable de no estar a la altura, no dice nada y se las apaña como puede... tal vez saliendo por la puerta de atrás..., en cuyo caso te quedarías solo). O bien, si es más atrevido, te dirá: «No hay problema, siempre me ha gustado salvar el mundo». Lo que no sabes (y de hecho tampoco la persona en cuestión) es que el salvador tiene el mismo problema que tú. Sufre de carencia afectiva. Es para ser amado precisamente para lo que se sacrifica tanto. Si es a nuestra pareja a quien acudimos para colmar nuestra carencia, no va a ser raro tampoco que les pidamos lo mismo a nuestros hijos, por supuesto de manera inconsciente.

Ciertamente, como todo el mundo sabe, en una relación de pareja, debemos poder apoyarnos el uno en el otro. Pero quítate ya mismo esa utopía de la cabeza porque estoy segura de que hay un malentendido al respecto. Lo que tú llamas apoyo, ¿no será en realidad expectativa?

Entonces, ¿para qué sirve una pareja si no se puede contar con ella? Estoy de acuerdo, cuando se logran superar unas cuantas crisis sin largarse o tirar las maletas del otro por la ventana, es bastante frustrante darse cuenta de que no podemos contar con él.

Resignación, dirás. No, reajuste y aclaración.

Ya sea que tú te apoyes en la otra persona o que la otra persona se apoye en ti (en cuyo caso te conviertes en el otro en relación con ella), esto únicamente puede hacerse teniendo en cuenta los límites del otro. No le puedes pedir al otro más de lo que puede dar. Cuántas veces he oído durante una consulta: «Sí, pero él (o ella) podría...». Formularlo de otra manera sería más justo: «Me hubiera gustado que él (o ella)...».

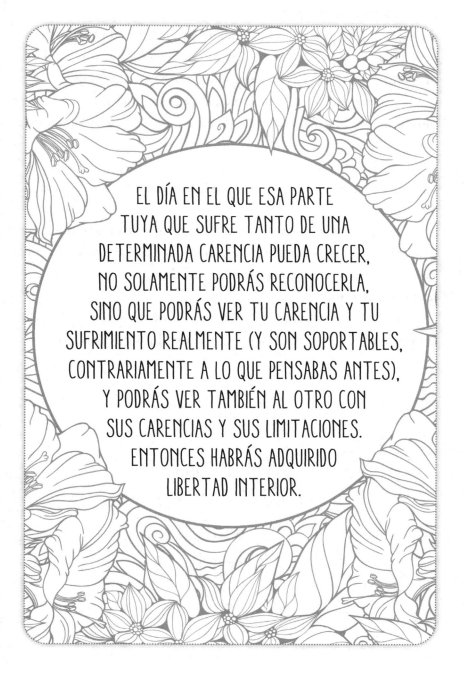

EL DÍA EN EL QUE ESA PARTE
TUYA QUE SUFRE TANTO DE UNA
DETERMINADA CARENCIA PUEDA CRECER,
NO SOLAMENTE PODRÁS RECONOCERLA,
SINO QUE PODRÁS VER TU CARENCIA Y TU
SUFRIMIENTO REALMENTE (Y SON SOPORTABLES,
CONTRARIAMENTE A LO QUE PENSABAS ANTES),
Y PODRÁS VER TAMBIÉN AL OTRO CON
SUS CARENCIAS Y SUS LIMITACIONES.
ENTONCES HABRÁS ADQUIRIDO
LIBERTAD INTERIOR.

El ámbito financiero

Otra área en la que la carencia encuentra su terreno predilecto es la financiera. La galería es amplia y se presenta en una multitud de imágenes, algunas de las cuales pueden ser bastante sutiles.

La puerta de entrada es tu relación con el dinero. En este ámbito, la carencia se expresará mediante lo que podemos llamar «la conciencia de pobreza».

No olvides que nos encontramos dentro de la pareja carencia/abundancia. Frente a la pobreza, utilizaremos por tanto la palabra *riqueza*.

Quizás sientas que no te concierne porque no eres pobre, trabajas, tienes un piso, tienes un trabajo, te vas de vacaciones... Puede que tampoco formes parte de la categoría de los ricos, y que incluso no te agraden mucho.

Pero no tan rápido, te estoy hablando de consciencia. La pobreza y la riqueza se entienden aquí en términos de consciencia.

LA CONCIENCIA DE POBREZA O RIQUEZA ES TU MOTOR DE ACCIÓN.

Tal vez formes parte de esas personas con trabajo, que llevan una vida «normal», y tengas sin embargo consciencia de pobreza.

Lo vas a entender enseguida gracias a estos ejemplos:

- ¿Qué es lo que te suscita la gente rica? Puede que aversión. No los soportas porque son demasiado ....
- Ganar tanto dinero es indecente habiendo tanta gente que tiene tan poco.
- ¿A partir de qué suma consideras que alguien es rico?
- ¿Por debajo de qué suma consideras que alguien es pobre?
- ¿Para qué sirve tener tanto dinero si no se tiene necesidad de tanto? (Es lo que piensas).
- De todas formas, en tu trabajo estás limitado y no puedes ganar más...
- Si tengo más dinero, gastaré más y me arriesgo a tener deudas...
- No veo cómo podría ganar más dinero.
- Por tener tanto dinero, no se puede ser honesto.
- Ganas poco, podrías ganar más si cambias de trabajo, pero por el momento no te apetece hacerlo ya que supondría un enorme cambio.
- Tienes tendencia a ahorrar: gastar lo menos posible en ropa, comprar en lotes porque te parece que es más barato, aprovechar las promociones, comprar en época de rebajas...; en definitiva, tienes tendencia a buscar todo aquello que es barato.

Todos estos ejemplos tienen que ver con una acción realizada a partir de una carencia.

No se trata de una crítica sino de una toma de conciencia de una dinámica interna.

Nuestra relación con el dinero pone de manifiesto nuestros problemas financieros, pero no solamente eso. La relación con la abundancia, en términos de carencia, puede sorprender por ciertas manifestaciones. Conozco a mucha gente que se siente mal en el trabajo, ya sea por problemas de organización o temas de sueldo... Cuando les propongo cambiar de trabajo e inclinarse hacia algo que correspondería mejor a la persona, todo el mundo evoca inmediatamente la imposibilidad de hacerlo. El pretexto que se menciona es el contexto económico, el mercado de trabajo...

Tómate un momento y cierra los ojos. Imagínate con dinero, con mucho dinero: ¿qué harías?, ¿cómo sería tu vida? ¿En serio?, ¿crees que sería así? Yo no estoy tan segura porque de lo contrario quizás ya habrías empezado a intentar mejorar tu situación.

Acompaño a la gente en esta situación. Enumeran todas las cosas que les impiden cambiar de trabajo y hacer lo que quieren. Puede ser una falta de cualificación, de habilidades, la edad... hasta que, después de repasar los obstáculos, se plantean un cambio. He visto personas que carecían de diploma pero que han progresado tanto que han hecho una evaluación de sus competencias para después ver cómo les validaban las experiencias de trabajo adquiridas.[*] A veces, incluso retoman los estudios o hacen una formación.

Existen individuos que tienen dinero, mucho dinero incluso y que... lo pierden todo. Sin mencionar a los *freelance* o trabajadores autónomos que evolucionan dentro de una dinámica próspera para

---

[*] N. de la T.: En Francia, un trabajador en activo que desee «reciclarse» o progresar en su vida profesional puede hacer que se le reconozcan las competencias, conocimientos y aptitudes adquiridos en el ejercicio de su profesión mediante un título profesional, expedido por el Ministerio de Trabajo, un certificado de cualificación profesional establecido por las ramas profesionales, o una convalidación del aprendizaje previo de manera que obtenga el reconocimiento de la experiencia y las competencias profesionales desarrolladas en un puesto de trabajo durante al menos un año. La autora se refiere a este último caso.

después conocer un revés. Estos últimos siempre se recuperan porque la creatividad y la dinámica de la prosperidad son sus motores.

Me refiero a los demás, a aquellos que aspiran a más, lo obtienen y se las arreglan para perderlo. Acompaño a muchas personas que crean su propio negocio, y el área financiera es siempre una parte importante. Me acuerdo de un hombre que era muy trabajador, que ponía todo lo que estaba en su mano para triunfar. Tenía contactos, promesas de acuerdos cuyas fechas siempre se posponían. Cuando conseguía cerrar un contrato no era raro que los plazos de pago se prolongaran. Al final, a pesar de su valor y todo el trabajo invertido, siempre se encontraba con problemas de dinero, era una lucha constante. Trabajamos su relación con el dinero, y después de dos sesiones pudo identificar lo que subyacía a su bloqueo. A partir de ese día, dos semanas más tarde, tenía la agenda completa para los siguientes cuatro meses, las personas que le debían dinero se lo devolvieron, los acuerdos se materializaban...

Pienso también en una joven que no había tenido una vida fácil y debió luchar siempre para salir adelante. Durante años, demostró su gran valor para salir de las dificultades, sobre todo financieras, en las que se encontraba y decidió hacer lo necesario para hallar un trabajo en el que pudiera no solo progresar, sino además ganar más dinero para no tener que estar siempre haciendo cuentas. Sabía el tipo de vida que quería, lo que haría cuando ganara el sueldo que deseaba, pero... no sabía lo que quería hacer a nivel profesional. A esto se añadía una profunda falta de autoestima.

Le faltaba un eslabón para lograr el cambio financiero. Tenía que establecer un puente entre su actual insatisfacción profesional y financiera y su visión de su estilo de vida. Para ello, trabajó sobre aquello que resonaba en ella profundamente, aquello que deseaba.

Este puente es a menudo el eslabón que falta en este tipo de problemas relativos a las finanzas y tiene que ver con nuestra autoestima y nuestro amor propio. Uno de los aspectos negativos que lo constituyen es todo lo relativo a «no me lo merezco, no es para mí, no es posible…».

Para muchos, en lo que respecta al aspecto financiero, es como si la mirada se detuviera en el dinero como una entidad separada del resto.

El dinero es una energía, y esta energía está conectada a ti, a lo que eres y a quien crees ser a diversos niveles. La dinámica del dinero en nuestras vidas no solo se basa en estos puntos personales conscientes e inconscientes, sino también en la dinámica familiar y social.

Es necesario reposicionarse en relación con el dinero y entenderlo como un fluir conectado a nuestra energía, no solo a nivel personal sino también colectivo. Una sociedad próspera no es aquella que antepone objetivos y rendimiento en primer plano. Una sociedad próspera es aquella en la que las personas se deleitan con su trabajo.

Cuando se abordan los asuntos de dinero, nos quedamos al nivel básico del tema. Mucho antes de ese nivel, existen otros más sutiles que tienen un impacto sobre él. Muchas personas ven evolucionar su situación financiera sin haber trabajado en ella, simplemente tras emprender un proceso de autoconocimiento. ¿Por qué? Porque son leales a ellas mismas y están alineadas. Evolucionan en lo que yo llamo su fluir. Su energía fluye sin bloqueos.

En lo concerniente al tema del dinero, este es una energía que refleja tu propia energía, tu compromiso con la vida.

LA RIQUEZA NO CONSISTE NECESARIAMENTE EN UNA CANTIDAD. ES MÁS BIEN EL RESULTADO DE UNA DINÁMICA QUE TE PERMITE LLEVAR UNA VIDA EQUILIBRADA EN TODOS LOS ASPECTOS.

Si sueñas con ganar la lotería para dejar de trabajar, es mejor empezar por cambiar de trabajo y hacer aquello que realmente te gusta. No solo será más rápido y seguro, sino que además tienes muchas más posibilidades de hacerte rico. De lo contrario, me temo que perderás todas tus ganancias.

Imagina la situación siguiente: si dispusieras de una suma de dinero que te permitiera dejar de trabajar, ¿qué es lo que harías? ¿Continuarías haciendo lo mismo, quizás de manera diferente?

Ante esto, puede que algunos se rebelen y digan: «Sí, pero con la crisis...». De hecho, no puedo pasar al siguiente capítulo sin mencionar este punto: la crisis. El punto negro de la crisis es el dinero y... el trabajo. Como hemos visto anteriormente, este punto no es una entidad aislada, y hablar de la crisis de la forma en que lo hacen los medios de comunicación es hablar de la economía como entidad aislada. Si situamos la crisis en una visión amplia y global de la situación, es solo la expresión de un malestar a otro nivel. En mi opinión, la crisis es la consecuencia de una crisis de identidad a nivel individual. Hoy en día, están surgiendo nuevos paradigmas. El desarrollo personal ha sido capaz de revelar los inicios.

Si vemos la crisis solo a través del filtro del dinero y la carencia, nos quedamos en el miedo. Si la vemos como un momento en el que cada uno puede preguntarse lo que realmente quiere, un momento en el que cada individuo asume su responsabilidad, entonces se abren nuevas perspectivas. Una crisis, sea del tipo que sea, no es una catástrofe, ofrece una ocasión para volverse a posicionar, revalorizarse, es una oportunidad para el cambio, para emprender nuevos rumbos.

Cuando una empresa va mal, una de las primeras cosas que hay que hacer es observar si cada quien ocupa el lugar para el que es más idóneo. ¿Qué imagen puede dar una empresa en la que el puesto de recepcionista está ocupado por una persona a la que no le gusta el trato con la gente? ¿Cómo puede una profesora sentirse realizada dando clases a alumnos de tercero de primaria cuando a ella lo que le gusta es enseñar las bases de la lectura y la escritura? Son solo algunos ejemplos, pero forman parte de una multitud de casos reales con los que me encuentro a diario. Cada uno de nosotros tenemos pasiones y temperamentos diferentes; por tanto, cada uno destacará en determinadas áreas. Si trabajas en algo en lo que no te sientes realizado, solo tendrás una expectativa: esperar tu sueldo a final de mes. Hay muchas probabilidades de que acabes amargado y sin motivación. Perder el entusiasmo y la motivación conduce directamente a la depresión.

Ir hacia aquello a lo que nos sentimos más afines es el comienzo del éxito.

El ámbito profesional

Está relacionado con lo financiero y lo emocional: el financiero porque se trata de nuestra relación con el dinero, y el emocional porque es cuestión de la estima y el valor que nos otorgamos, y también de nuestros deseos.

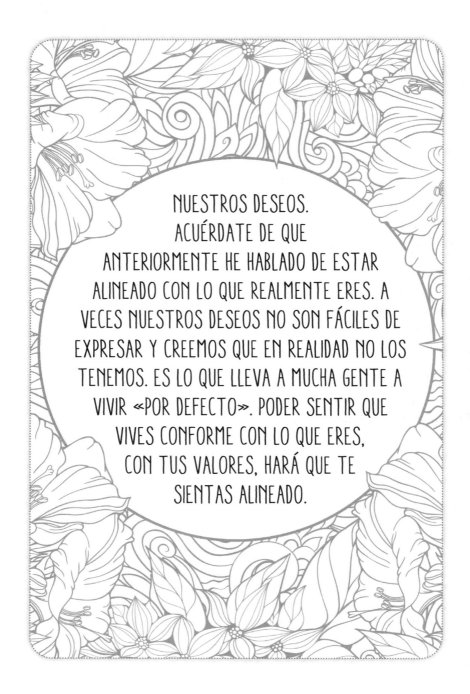

NUESTROS DESEOS.
ACUÉRDATE DE QUE
ANTERIORMENTE HE HABLADO DE ESTAR
ALINEADO CON LO QUE REALMENTE ERES. A
VECES NUESTROS DESEOS NO SON FÁCILES DE
EXPRESAR Y CREEMOS QUE EN REALIDAD NO LOS
TENEMOS. ES LO QUE LLEVA A MUCHA GENTE A
VIVIR «POR DEFECTO». PODER SENTIR QUE
VIVES CONFORME CON LO QUE ERES,
CON TUS VALORES, HARÁ QUE TE
SIENTAS ALINEADO.

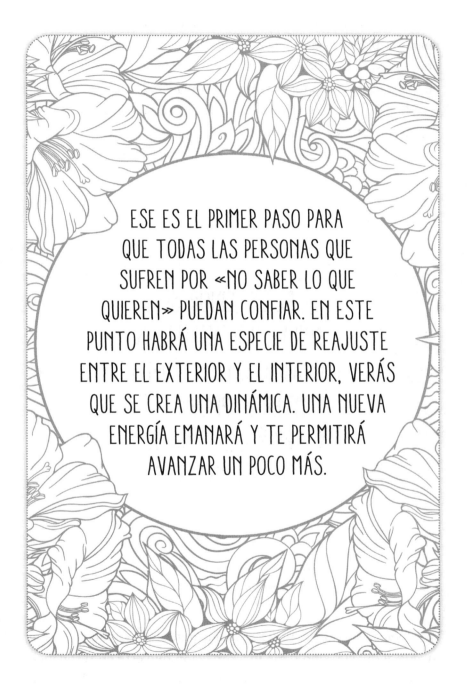

ESE ES EL PRIMER PASO PARA
QUE TODAS LAS PERSONAS QUE
SUFREN POR «NO SABER LO QUE
QUIEREN» PUEDAN CONFIAR. EN ESTE
PUNTO HABRÁ UNA ESPECIE DE REAJUSTE
ENTRE EL EXTERIOR Y EL INTERIOR, VERÁS
QUE SE CREA UNA DINÁMICA. UNA NUEVA
ENERGÍA EMANARÁ Y TE PERMITIRÁ
AVANZAR UN POCO MÁS.

Luego, poco a poco y procediendo de la misma forma, continuarás avanzando hasta que puedas determinar claramente lo que quieres. No sabrás detectar exactamente aquello que no te conviene, pero sabrás reconocer lo que te conviene. Cuanto más actúes de esta manera, más la consolidarás en ti, reconocerás tus deseos y dejarás de estar en la dinámica de la carencia.

EL EXTERIOR SE MUEVE ÚNICAMENTE SI HA HABIDO UN MOVIMIENTO INTERNO PREVIO. EL EXTERIOR RESPONDE A TU DINÁMICA INTERNA.

Determinar de forma clara lo que quieres no significa escribir tu vida al detalle, sino darle una dirección que esté en resonancia con lo que eres y lo que deseas. Por ejemplo, me acuerdo de una amiga que acababa de terminar una formación de profesora de yoga. Tenía decidido que quería impartir clases. Tuvo que mudarse y cambiar de región y comenzó a buscar en ese sentido. Aún sin estar plenamente instalada, ya tenía contactos y le habían ofrecido clases. Diez días después de haberse mudado, ya tenía contratos cerrados y otras propuestas comenzaban a perfilarse.

El valor y la autoestima

Muchísima gente se encuentra en la dinámica de la carencia en lo que al valor y la autoestima se refiere. No estar a la altura, no ser lo suficiente, no ser como los demás, no ser capaz, sentimiento de nulidad... Nos olvidamos de fijarnos en lo que hemos conseguido, en nuestras competencias, o lo que es aún peor, no logramos siquiera verlo.

Es una manera de negarse, de negar nuestro derecho a existir, de negar la vida que se nos ha dado y la forma en la que vamos a manifestar nuestra singularidad.

Cierto es que esta noción de autoestima de valoración personal es compleja en términos de psicología clínica. Sin embargo, en occidente está lamentablemente presente en una gran parte de la población. Es como si fuéramos mejores cuanto menos valor nos diéramos. Es una especie de falsa vanidad.

Desde mi punto de vista, este problema tiene sobre todo su raíz en las consecuencias de una cultura judeocristiana mal entendida.

En la actualidad, la psicología positiva propone una visión diferente que permite cultivar el amor propio y reforzar los recursos positivos. Esta dinámica es importante ya que nos permite reforzar nuestra confianza, y por consiguiente, nuestra capacidad para ser felices.

Si sabes ver lo que vales, sabes reconocer el valor de los demás y alegrarte por ellos. Por desgracia, muchos funcionan en modo inverso. Viven constantemente en la comparación y se fijan en lo que el otro tiene y ellos no. Ver el resultado desde ese punto de vista significa permanecer en nuestra carencia y cultivar a menudo la ira, la envidia y los celos, como si lo que el otro hubiera conseguido nos quitara algo a nosotros. Sin embargo, nos podemos fijar en lo que el otro ha conseguido desde otro punto de vista: si él lo ha logrado, yo también puedo. ¿Qué camino tomó?, ¿cómo lo hizo? Esas son las preguntas que deberías hacerte y, si puedes, hacer directamente a la persona en cuestión. Puede que no sea lo mismo que tú quieres conseguir, pero existen constantes en la dinámica del movimiento. Recuerda lo que ya has visto anteriormente, tienes la vida que has soñado, y los demás también.

LOS RESULTADOS QUE VES SON LA CONSECUENCIA DE TUS COMPROMISOS INTERNOS.

Si te fijas en los resultados de tu vida a nivel profesional, verás si te sitúas en la consciencia de la carencia o no. Si es lo que constatas, sé primero consciente de ello. Este paso es importante porque te aporta una vista panorámica de tus mecanismos y de los resultados que has obtenido. No te sientas culpable, no sirve de nada; se trata únicamente de una constatación que te permite poner fin a la dinámica. Acto seguido, decide orientar tu energía hacia la abundancia.

LA CORRIENTE VITAL REFLEJA TU ARMONÍA INTERIOR. LA CONFIANZA, LA AUTOESTIMA, LA CONSCIENCIA DE NUESTRO VALOR SE SITÚAN EN LA DINÁMICA DE LA ABUNDANCIA. ESTA DINÁMICA GENERA ENTUSIASMO, Y EL ENTUSIASMO GENERA ABUNDANCIA. EL ÉXITO LLAMA AL ÉXITO.

La abundancia y la prosperidad te llevan al éxito, te encaminas en la dirección que deseas. Incluso si encuentras obstáculos, estos se convierten en palancas en vez de frenos, dejas de luchar y sigues la corriente de la vida o, mejor dicho, la corriente de la vida se armoniza contigo. Te sientes capaz de acogerla. Si te fijas bien, la naturaleza es abundancia y nunca ha dejado de serlo. Todo ello se encuentra a nuestra disposición si aprendemos a abrir los espacios que han permanecido cerrados a esta abundancia.

ABUNDANCIA Y PROSPERIDAD SIGNIFICAN FLUIDEZ. LA ABUNDANCIA ES LA DINÁMICA DE LA VIDA.

El ámbito material

Aquí encontramos una vez más la dinámica de la carencia o la abundancia. Vamos a centrarnos primero en nuestras creencias y en particular en aquellas en las que se basan nuestras costumbres familiares.

Tómate unos minutos para pensar y haz una lista de los puntos en común que puedes tener con tus padres o con tu familia en general.

- Por ejemplo, tu padre construyó su casa, y es lo que tú y tus hermanos habéis hecho también.
- ¿Eres propietario? Si es así, ¿por qué? Si no es así, ¿por qué?
- ¿Qué tipo de coche tienes?, ¿por qué esa elección?, ¿es práctico?, ¿corresponde a lo que deseas realmente?
- En lo concerniente a la ropa, ¿cómo la eliges?, ¿en relación con el precio?, ¿según tus gustos y estilo?, ¿porque está de moda?, ¿porque por su calidad te sirve para mucho tiempo?, ¿tienes un presupuesto que no te permites sobrepasar a la hora de comprar una prenda?, y si es así, ¿por qué?
- ¿Tienes tendencia a vestir de forma original o prefieres las prendas discretas porque no te gusta que se fijen en ti?
- ¿Qué piensas de la gente que triunfa?
- ¿Qué pasaría si tuvieras la vida que siempre has soñado?, ¿cómo reaccionarían tu familia y amigos?
- ¿Piensas que poseer ciertos bienes o tener dinero es incompatible con una vida espiritual?
- ¿Piensas que con toda la miseria que hay en el mundo, debes contentarte con lo que tienes?
- ¿Crees que es mejor mantenerse discreto para evitar conflictos?

Como puedes ver, todos los ámbitos de nuestra vida están definidos por nuestra energía. Esta se orienta hacia la abundancia o la carencia. A veces una predomina más que la otra en un determinado ámbito.

En la tabla que se muestra a continuación encontrarás un resumen de maneras de ser clasificadas según su dinámica. Si lo deseas, puedes completar las casillas vacías.

DINÁMICA DE CARENCIA	DINÁMICA DE ABUNDANCIA
Restricción	Expansión
Freno	Cambio, evolución
Cierre	Apertura
Miedo	Confianza
Envidia	Alegría
Sospecha	Entusiasmo
Retención	Acto de compartir
	Amor
	Comunicación

Salir de tus limitaciones para cambiar de plano de conciencia

El resultado externo siempre se manifiesta en función de tu energía interior.

Lo llamemos como lo llamemos, resistencias o limitaciones, se trata de frenos que podemos hacer desaparecer. Algunos son flagrantes, otros más sutiles. Desde hace años, incluso desde antes de nuestro nacimiento, estamos imbuidos de estas limitaciones. ¿Por qué desde antes de nuestro nacimiento? Porque nuestros padres, nuestros ancestros, ya contaban con limitaciones, ese tipo de concepción de la vida. Entonces, me dirás, ¡es todo por su culpa! Por supuesto que no. Si has elegido este canal de encarnación para tu llegada a la Tierra es porque te convenía... a ciertos niveles de conciencia, en cuanto a vibración se refiere. ¿Por qué? Porque tu parte más profunda, tu Ser, lo necesitaba como necesitaba este momento de encarnación en el tiempo para realizar su misión en este mundo de igual manera que el mundo la necesitaba, te necesitaba.

Tus padres son únicamente el vehículo que permite a tu Ser encarnarse. Tu familia no te ofrece más que el terreno fértil para que puedas obrar según tu conciencia, la Vida, ha elegido. Evidentemente, si eres padre o madre, si has creado una familia, interpreta esta afirmación en el sentido correcto.

Si puedes ver la vida desde este punto de vista, tu historia adquiere una nueva dimensión. Sigue siendo la misma historia, cierto, pero cobra sentido. En ese momento, serás como la flor de loto cuya raíz está en el jarrón. Tu historia te conduce hacia lo que eres.

A veces ocurre sin embargo que incluso tras haber trabajado sobre estos planos, las cosas no avanzan. Queremos controlarlo todo, entender todo. Y es posible... hasta cierto punto. En un momento dado, es necesario trabajar a niveles muy sutiles que se sitúan en lo que se denomina los campos cuánticos. En estos niveles nos situamos en los planos vibratorios, más allá de la mente. En cualquier caso, es posible, si así se desea, eliminar los frenos que se van encontrando por el camino.

HAZTE LA PREGUNTA CORRECTA

*«El futuro pertenece a aquellos que creen
en la belleza de sus sueños».*
Eleanor Roosevelt

La mayoría de las personas buscan fuera de sí mismas aquello que desean, como si su destino estuviera escrito en las estrellas y tuvieran que encontrar el camino. Cuántas veces he oído decir durante una sesión: «No sé si es lo que debo hacer».

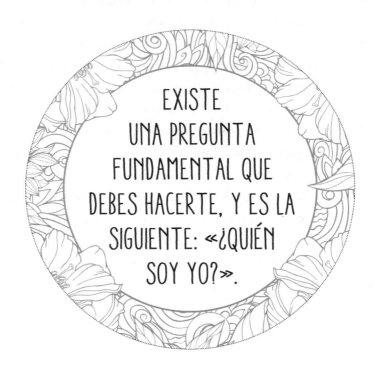

EXISTE UNA PREGUNTA FUNDAMENTAL QUE DEBES HACERTE, Y ES LA SIGUIENTE: «¿QUIÉN SOY YO?».

Eso sí, plantéatela honestamente, pero no respondas; sería una respuesta mental.

Se trata de la pregunta que te permitirá conectar con la esencia de tu Ser y sin la cual no podrás ir en la dirección que deseas.

Me imagino que algunos de vosotros estaréis decepcionados, os sentiréis perdidos, porque es muy probable que inmediatamente surjan respuestas del tipo «no sé quién soy» o «no valgo nada...». Todas estas respuestas son solo producto de tu mente, influenciada como está por todas las creencias y exigencias a las que te has ido adhiriendo. ¿Con qué frecuencia te defines en función de lo que los demás han dicho?

Para obtener respuestas a esta pregunta, hay que planteársela todos los días, pero no como un problema matemático con una única solución. Tú no eres el problema, eres la solución. Solo tienes que hacerte la pregunta, por ejemplo, durante una meditación, durante un paseo por la naturaleza o por la noche antes de irte a dormir, como si depositaras una semilla en la tierra y la dejaras crecer. A continuación, tienes que escuchar la respuesta de manera profunda. No escuchamos la respuesta porque nos quedamos en la superficie, en nuestras creencias, en aquello que creemos definitivo e inamovible. Tenemos que ir hasta lo más profundo de nuestro ser.

Es ahí donde se encuentra tu verdad. Es a partir de ahí donde emergen tus deseos y donde la energía que te lleva hacia lo que quieres echa raíces.

Contrariamente a lo que se pueda pensar, es en la profundidad de nuestro ser donde nuestro éxito arraiga.

No busques en el exterior lo que ya está dentro de ti y que únicamente pide ser escuchado con paciencia y en profundidad.

Si te conectas con lo más recóndito de tu Ser, tu deseo más profundo surgirá de ahí.

¿Qué es el éxito?

«El éxito no es la clave de la felicidad.
La felicidad es la clave del éxito.
Si amas lo que haces, triunfarás».
Albert Schweitzer

El éxito puede asociarse a la obtención de un objetivo, a los logros. Es el nivel externo de éxito, lo que es visible, ahí donde algunos dirán: «Ha tenido éxito en la vida». Orientarás tu vida de una manera determinada, en función de tus valores. Este es el aspecto interno, personal del éxito. Las dos dimensiones, interna y externa, deben unirse para que podamos hablar de éxito. El éxito es ante todo un sentimiento personal.

La dinámica del éxito pasa por todos los pasos mencionados anteriormente. Lo que sigue a continuación te ayudará a instalar esta dinámica en tu vida.

¿QUÉ ESTILO DE VIDA QUIERES LLEVAR?

Lo que muchas personas tienen claro es que no están satisfechas. Algunas se contentan y, frente al cambio, se ha especializado en ver los obstáculos, otras están llenas de cólera y rencor contra la Tierra entera. Pocas conocen en realidad el estilo de vida que quieren llevar. Y a menudo, entre las que lo saben, muchas ignoran cómo llegar hasta él.

EL PRIMER PASO HACIA EL CAMINO DEL ÉXITO ES SABER EL ESTILO DE VIDA QUE DESEAS.

A menudo constato que, cuando evoco el tema del estilo de vida, mucha gente no tiene respuesta, como si tuviéramos que buscar algo extraordinario.

Tener éxito en la vida no significa lo mismo para todo el mundo. No existe una norma que se pueda aplicar a todos. Tener éxito en la vida depende de tus prioridades y de tu visión del mundo.

Algunas personas no ven el éxito más que en un determinado ámbito. ¿Se puede decir que alguien ha logrado el éxito en la vida porque le va bien profesionalmente, porque gana mucho dinero, porque tiene un coche estupendo, porque viaja mucho, porque tiene muchos amigos? Puede que sí, pero también puede que no... Lo que se ve desde fuera no es necesariamente señal de éxito, ya que todo depende de la manera en la que cada cual lo vive internamente.

Si te cuesta ganarte la vida de forma correcta, si tus fines de mes son difíciles, puede que pienses que serías feliz si tuvieras mucho dinero, si no tuvieras un trabajo tan agotador... ¿Sabías que algunas personas tienen mucho dinero y aun así no son felices? Es quizás por eso por lo que el conocido dicho «el dinero no da la felicidad» se utiliza tan a menudo. Pongámonos serios un momento. Imagina tu vida sin dinero... ¿Cómo pagarías tu alquiler o financiarías la compra de tu casa? ¿Cómo cuidarías de ti? No podrías pagar los cuidados necesarios en materia de salud ni podrías darte el placer de ir al cine o al gimnasio, tus vacaciones serían mediocres...

El estilo de vida engloba todos los aspectos de tu vida. Concierne evidentemente a todo aquello que nos es necesario... y también lo superfluo, aquello que abarca todo lo que nos procura placer y nos aporta algo, en definitiva, todo lo que nos nutre física, emocional y espiritualmente, así como en el plano de las relaciones y lo afectivo.

No puedo evitar mencionar aquí una frase que he oído de forma frecuente cuando se habla de éxito: «No me hace falta gran cosa, no necesito tener un gran coche ni una casa enorme...». Entiendo que no lo necesitas, pero ¿acaso te gustaría? Esto apunta a la cuestión del placer. Un gran número de personas no se complacen a sí mismas, como si sintieran culpa al hacerlo. Tomar conciencia de lo que nos procura placer es el camino hacia nuestro deseo interior... y quizás el comienzo del restablecimiento de lo que eres.

Tomar conciencia de lo que te complace te conecta con tu impulso vital y también puede ayudarte a definir mejor lo que quieres.

Cuanto más nos nutramos en todos los niveles, en todos los ámbitos de nuestra vida, más podremos devolver y más equilibrada será nuestra vida.

TENER ÉXITO EN LA VIDA SIGNIFICA IR HACIA EL EQUILIBRIO ENTRE LOS DIVERSOS CAMPOS QUE LA COMPONEN.

A veces no nos autorizamos a soñar, a tener en cuenta aquello que nos hace felices, porque vemos que no contamos con los medios financieros adecuados. ¿Te has planteado alguna vez que, si estuvieras realmente alineado con esta energía, si fuera lo suficientemente justa en términos de resonancia con tu Ser más profundo, los medios para conseguirlo llegarían de una manera u otra? Nos ponemos límites a causa de nuestra mente, no solo en lo que se refiere a los medios para obtener lo que queremos, sino también en la manera en la que pueden ocurrir las cosas.

Me acuerdo de una persona que quería hacer una formación de acompañamiento psicológico que significaba mucho para ella, pero su presupuesto no se lo permitía. Le habló de la formación a su médico de familia con gran entusiasmo. Este la animó encarecidamente a hacerla, a lo que ella respondió que no podía permitirse el coste. Él le preguntó el precio, le dio un cheque y le pagó la formación.

¿DÓNDE SE ENCUENTRA TU RIQUEZA?

«El éxito no se persigue:
es atraído por la persona en la que te conviertes».
Jim Rohn, 7 estrategias para alcanzar riqueza y felicidad

Por tanto, en vez de fijarte en la riqueza de los demás y centrarte en las críticas, fíjate en dónde se encuentra tu propia riqueza.

En cuanto evoco esta palabra, para la mayoría de la gente está vinculada al dinero y a todas las creencias que nuestra relación con él nos permite alimentar.

Recuerda que el término *riqueza* corresponde a la noción de abundancia y que ello se aplica a todos los ámbitos de la vida.

Sin querer generalizar, a menudo he constatado que ciertas personas tienen éxito en el plano material y profesional, pero fracasan a nivel afectivo, como si el equilibrio entre las dos no pudiera existir, como si una de las partes debiera ser sacrificada.

Lo afectivo es ante todo una dimensión interior y concierne a todos los ámbitos de nuestra vida.

Generalmente lo limitamos a un único ámbito, el llamado «afectivo»: nuestra pareja, nuestra familia, nuestros amigos y allegados, pero su dimensión se extiende mucho más allá.

Lo afectivo se refiere a la relación que mantienes contigo mismo y que se reflejará en el seno de todos los ámbitos de tu vida: el profesional, la vida de pareja, las relaciones, el ámbito material y financiero, la salud. Es el motor, lo que hace que te apasiones y seas entusiasta.

Muchas personas atraviesan su vida saltando a la pata coja o jugando a la rayuela. Se saltan una casilla. Lo afectivo, lo emocional, está ausente. O bien está presente en términos de restricción. Cuando falta este carburante, surgen forzosamente tensiones que crean desequilibrio e insatisfacción.

ATRÉVETE A EXPRESARTE.
ATRÉVETE A SER QUIEN ERES.
DEJA DE BUSCAR VALIDACIÓN
EN LA MIRADA DEL OTRO.
POR EL MOMENTO, NO LA
ENCONTRARÁS.

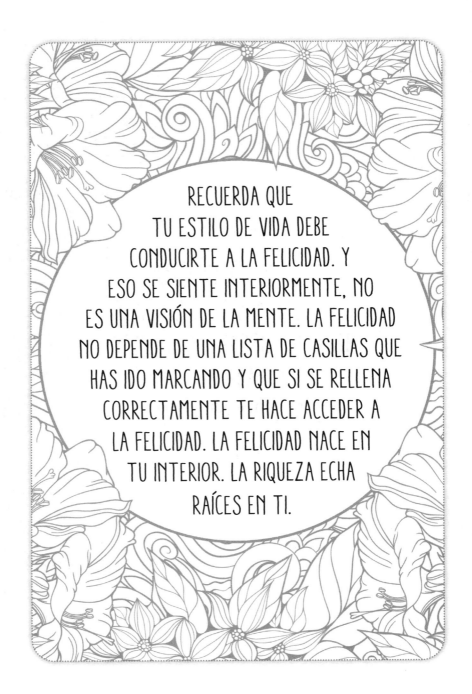

RECUERDA QUE TU ESTILO DE VIDA DEBE CONDUCIRTE A LA FELICIDAD. Y ESO SE SIENTE INTERIORMENTE, NO ES UNA VISIÓN DE LA MENTE. LA FELICIDAD NO DEPENDE DE UNA LISTA DE CASILLAS QUE HAS IDO MARCANDO Y QUE SI SE RELLENA CORRECTAMENTE TE HACE ACCEDER A LA FELICIDAD. LA FELICIDAD NACE EN TU INTERIOR. LA RIQUEZA ECHA RAÍCES EN TI.

La riqueza está lejos de quedarse en posesiones o cifras de cuentas bancarias: es lo que tú eres en tu fuero interno, lo que te hace singular. Debes ser capaz de reconocer tu propia riqueza. De esa forma no solo no la perderás nunca, sino que te ayudará a construir tus proyectos ya que es el pilar de tu vida.

Si de alguna manera no te encuentras a gusto, recapacita sobre aquello que te gustaría. Una vez hayas encontrado qué es lo que quieres, deja venir las objeciones que surgen espontáneamente, todos esos «sí, pero...». Fíjate en todas las buenas razones que tienes para aplazar la decisión de mejorar tu vida, de ocuparte de ti. Me acuerdo de una persona que acudió a mí para una consulta y que tomó la decisión de empezar las sesiones... ¡cuando su vida mejorara! Esa es una forma de no empezar nunca.

¿Cuál sería el riesgo si fueras consciente de lo que realmente quieres?, ¿quién te abandonaría?, ¿qué pensarían tus padres, tu familia, tus amigos?, ¿y tus compañeros de trabajo, tus vecinos?

Cuando te haces todas estas preguntas, te das cuenta de que no eres tan libre de hacer elecciones como creías. Estás bajo una influencia que aceptas. Puede que esta influencia ni siquiera sea real, puede que sea producto de tu mente. En cualquier caso, tendrás que liberarte de ella, como tendrás también que liberarte de todos los mandatos familiares que te frenan.

LA OPINIÓN DE LOS DEMÁS TE INVALIDA, NO POR LA CRÍTICA EN SÍ, SINO POR EL PODER QUE LE OTORGAS.

Ahora mismo estarás pensando que tienes mucho que hacer. Sí y no. Sí, si piensas que es a causa de todo lo que no has puesto al día por lo que no puedes triunfar. No, si decides triunfar, avanzar. En ese caso, sigues teniendo los mismos frenos sobre los cuales debes trabajar pero tu motor es totalmente diferente.

¿Qué le aportarías al mundo si realizaras tus sueños?, ¿qué aportarías al mundo si encarnaras aquello para lo que la Vida te ha llamado?

EL NEXO DE TI MISMO A TI MISMO

«Todos somos únicos, cada uno un patrón único de creatividad y si no lo cumplimos, se pierde para siempre».
Martha Graham

Pasar de ti a ti mismo significa alinearse con quien realmente eres.

PARA ELLO NECESITAS LO AFECTIVO, ESE INGREDIENTE QUE DETERMINA LA RELACIÓN QUE TIENES CONTIGO MISMO.

Cuando te alineas con lo que eres, con tu alma, con tu Ser más profundo, con tu esencia, sientes confianza, solidez interior, una conexión con un espacio mucho más grande que tú. Sabes que todo es justo. Estás verdaderamente en el momento presente. Hay gente que dice que si tenemos dudas, no podemos estar alineados. Personalmente, yo veo las cosas desde un ángulo diferente: si estás alineado, no tienes dudas. Tu energía se amplifica porque estás conectado a tu fuente y existe un movimiento de regeneración que alimenta toda tu vida y te hace ser creativo.

Cuando te alineas con lo que eres, tu vida se torna más fácil ya que dejas de remar a contracorriente, dejas de luchar.

Estar alineado te aporta paz porque ya no hay un conflicto entre tú y Dios (la Fuente, el Universo...).

Se trata de un estado interno de relajación y bienestar que se instaura.

Tampoco te estoy diciendo que este estado de alineación sea constante. No dura las veinticuatro horas los siete días de la semana. Combina varios factores: el momento presente, el centrado, el sentimiento (o interioridad). Todo esto se aprende, sobre todo al principio. Más adelante, se trata de una manera de vivir que, te lo aseguro, no requiere que dejes a tu familia ni que abandones tu trabajo y te aísles en una cueva. Se trata simplemente de un retorno a ti mismo.

A continuación, te ayudaré mediante algunas preguntas para que puedas «evaluar» la brecha que existe dentro de ti mismo. Acto seguido, te propondré un apartado para ayudarte específicamente a alcanzar ese estado.

Hagamos un balance con la ayuda de algunas preguntas sobre diferentes áreas de tu vida con el fin de detectar si estás alineado. Si es así, significa que lo afectivo está ahí en forma de deseos, entusiasmo, energía interior..., te sientes en armonía con esos ámbitos.

En un ámbito en particular, pueden existir ciertos subámbitos en los que te encuentras alineado y otros en los que no.

No te encasilles, no te etiquetes: seguirías poniéndote límites. Intenta únicamente observar el terreno y ver si estás siendo congruente.

En el ámbito profesional, ¿tienes la impresión de...

* ... aburrirte en el trabajo, estar insatisfecho con lo que haces, sentirte obligado a trabajar para pagar facturas, no sentirte reconocido, no tener tanto éxito como los demás, haber fracasado en hacer algo en tu vida...?

Si estás viviendo alguna de estas situaciones, estás andando a la pata coja, estás sufriendo a nivel profesional.

Poner emoción a nivel profesional, estar alineado con lo que eres significa estar feliz cuando te levantas por la mañana para ir a trabajar porque estás motivado. Ello implica igualmente que estás repartiendo energía, que estás aportando algo a alguien, que marcas una diferencia en la vida de alguien... En definitiva, te gusta lo que haces e, incluso si tus medios económicos te permitieran dejar de trabajar, seguirías haciendo lo que haces, pero lo harías quizás de manera diferente.

Incluso si eres empleado de una empresa, puedes influir en la vida de alguien. Cuando estés trabajando, recuerda que hay alguien al otro lado para quien tu diligencia, seriedad, competencia, motivación y compromiso marcan la diferencia.

Para alinearte a nivel profesional, imagina que te encuentras con un hada madrina que puede ayudarte a cambiar todo aquello que no va bien. ¿Cómo visualizarías tu puesto de trabajo si todo fuera posible? Haz una lista.

- Si eres independiente o *freelance*, a veces se trata de reorientar tu manera de hacer las cosas para sentirte alineado.
- Si eres empleado, existen centros de evaluación de competencias que pueden ofrecer un acompañamiento para reorientarte en tu búsqueda de empleo. Una evaluación de competencias bien hecha debería ayudarte a detectar tus puntos fuertes y tus puntos débiles. Tiene en cuenta tus aspiraciones, tus habilidades y lo que ya sabes hacer. Te ayudará a desarrollar un proyecto profesional, y puede conducir eventualmente a una validación de la experiencia, o incluso a una formación adecuada.
- También puedes contratar los servicios de un *coach* especializado en el ámbito profesional.
- Si estás en búsqueda de empleo, aparte de lo ya mencionado, puede que sea el momento de cuestionarte y reposicionarte. A veces la tierra necesita un tiempo de barbecho antes de poder volver a sembrar.

A menudo nuestra actividad profesional está teñida por una voluntad de éxito tras la que se esconde el deseo de demostrar nuestra valía. Detrás de todos esos impulsos externos que nos alejan de lo que somos y de lo que queremos, está nuestro sufrimiento, todo lo que percibimos como fracaso. He visto a muchas personas compensar su falta de reconocimiento a nivel familiar con una carrera de fondo cuyo objetivo es el éxito profesional. En un caso de este tipo, es como si una parte de ti te dijera: «Mira, no soy tan malo como crees. Tengo éxito». Por supuesto que, incluso si tu motivación, de manera inconsciente se entiende, va en ese sentido, ello no le quita mérito a tu éxito. Sin embargo, no estarás en paz contigo mismo ya que siempre estarás a expensas de que los demás, lo externo, te reconozcan.

En el ámbito afectivo, ¿tienes la impresión de...

* ... que no hay comunicación, no te sientes respetado, te sientes solo aun estando en pareja?

Si te encuentras en una de estas situaciones, significa que no estás alineado. La relación de pareja debe ser fluida y vivirse en el intercambio y respeto mutuo. Es una relación que debe nutrirte.

Se trata de un ámbito delicado en el que los vestigios de nuestra historia dejan huella. ¡Y esas huellas no se parecen a las de las patitas de un gato, sino más bien a las de un elefante! Pero una vez más, nada está perdido y siempre es posible trabajar este ámbito.

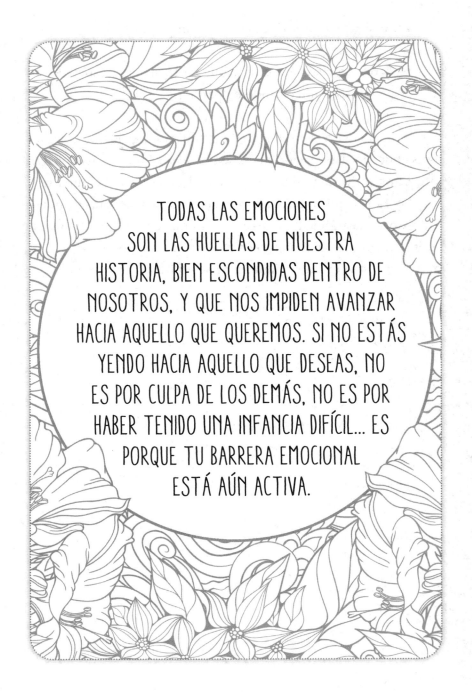

TODAS LAS EMOCIONES
SON LAS HUELLAS DE NUESTRA
HISTORIA, BIEN ESCONDIDAS DENTRO DE
NOSOTROS, Y QUE NOS IMPIDEN AVANZAR
HACIA AQUELLO QUE QUEREMOS. SI NO ESTÁS
YENDO HACIA AQUELLO QUE DESEAS, NO
ES POR CULPA DE LOS DEMÁS, NO ES POR
HABER TENIDO UNA INFANCIA DIFÍCIL... ES
PORQUE TU BARRERA EMOCIONAL
ESTÁ AÚN ACTIVA.

Más que nunca, es preciso que empieces a respetarte estableciendo los valores sobre los que quieres construir tu relación de pareja. Una vez que estos valores estén establecidos, fíjate en si ya estaban presentes en relaciones anteriores. ¿Y hoy en día?, ¿cuáles serían los obstáculos de una vida de pareja que se corresponde con tus valores?

Tienes que trabajar sobre todos los obstáculos que puedan emerger ya que son remanencias emocionales de historias pasadas no asimiladas (infancia, familia, pareja...).

En el ámbito material, ¿tienes la impresión de...

- ... no estar satisfecho con lo que tienes, que los demás tienen mejor situación que la tuya, que los demás tienen más suerte...?

Si te reconoces en esto que acabo de nombrar, significa que no estás alineado. A veces es más fácil fijarse en lo que les ocurre a los demás antes que en uno mismo. La forma en la que miramos a los demás es a través del filtro de nuestra insatisfacción.

Alinearte en el plano material: seguro que hay cosas que te harían feliz. Plantéate lo que puedes hacer en ese sentido. Cuando consigas la satisfacción material, tómate tu tiempo para disfrutar de tu bienestar. Muchas personas tienden a no hacerlo porque se trata de pequeñas cosas. Recuerda que el camino comienza con un pequeño paso. Un pequeño paso no es menos importante que uno grande.

No olvides la gratitud, incluso para las pequeñas cosas. De tanto concentrarnos en nuestras carencias, sea cual sea el ámbito, nos olvidamos de ver todo aquello que nos estimula. Es como si no valiera la pena pararse a pensar porque es lo «normal», lo ordinario.

Pasamos las páginas de todo lo adquirido como si hojeáramos un libro aburrido.

En el ámbito financiero, ¿tienes la impresión de que...

- ... no tienes bastante dinero, tus esfuerzos no están remunerados como deberían, no sabes manejar tu presupuesto, siempre tienes miedo de que te falte dinero...?

Se me antoja un poco más difícil hacer balance a partir del ámbito financiero porque este emana justamente de tu alineamiento interno, de tu energía. Cuando este ámbito va mal, está señalando un problema a otro nivel. Estoy convencida de que, en cuanto estés alineado, el ámbito financiero se hará más liviano.

Alinearte a nivel financiero: puede que te haga falta repasar de nuevo tu relación con el dinero o reajustar ciertos elementos relativos a tu gestión financiera para alinearte en el resto de los ámbitos.

El dinero es la manifestación de un sistema de intercambio en el mundo material. Es como una fuente. Si la fuente está desviada, caerá poca agua. Si está atascada, no verás nada caer. Si el agua corre de forma natural, ni siquiera te haces preguntas. Siempre comparo el sistema financiero con esta fuente, el dinero es la manifestación de tu energía.

- Un pequeño truco al respecto: estás alineado en el aspecto financiero si existe un movimiento de circulación del dinero. Es como la respiración, tiene que haber entradas y salidas. Debe ser fluido en ese sentido.
- Otro truco: si deseas ganar más dinero, eso no indica necesariamente que no estés alineado. Debes tener en cuenta la manera en la que vas a activar la fuente, es ahí donde verás si estás alineado o no.

Me gustaría contarte una conversación que tuve con un amigo británico que posee una gran empresa en Inglaterra. Después de haber estado tres veces en el paro, pensó en lo que realmente le gustaría hacer y abrió un negocio. Siempre tenía en mente la satisfacción de sus clientes y no dejaba de pensar en lo que podía hacer para mejorarla. El éxito lo llevó a crear su actual empresa, que ha crecido tanto que ahora cuenta con un gran número de empleados. Le hablé del libro que estaba escribiendo y conversamos sobre el dinero y el éxito. Su respuesta fue clara: «No se trata de lo que ganas, sino del servicio que prestas a tus clientes». También me confió: «Por supuesto, hay momentos en los que me tengo que preocupar del dinero, pero si me fijo solo en eso, los negocios no funcionan como deberían. Sin embargo, cuando pienso en lo que puedo mejorar para mis clientes, en ese momento me salen contratos y el dinero aparece».

De la misma manera, tengo una pareja de amigos, ya jubilados, que tienen un negocio floreciente. Cuando evocan su éxito, también mencionan las dificultades que se han ido encontrando, pero sobre todo el servicio al cliente y la pasión que sentían y que todavía sienten por su oficio y sus clientes. Para ellos, el dinero es también el resultado de esta dinámica.

Tengo otro amigo, que vive en los alrededores de París, que posee varias tiendas. Es un apasionado que busca la satisfacción de sus clientes ofreciéndoles lo mejor en términos de calidad. Lo repite una y otra vez, y cuando se trata de temas comerciales o del estilo de vida que soñaba y que ahora tiene, puede tirarse horas hablando. Coincidimos en el mismo lugar de vacaciones, y me gusta lo que dice: «Soy realmente feliz. Tengo la vida que quiero, hago lo que quiero, estoy de vacaciones en un lugar magnífico. Es maravilloso».

Estos tres ejemplos demuestran dos cosas: la primera es la pasión por lo que hacen y la importancia que otorgan a marcar la diferencia en la vida de sus clientes. La segunda es que el éxito es el resultado de esta dinámica.

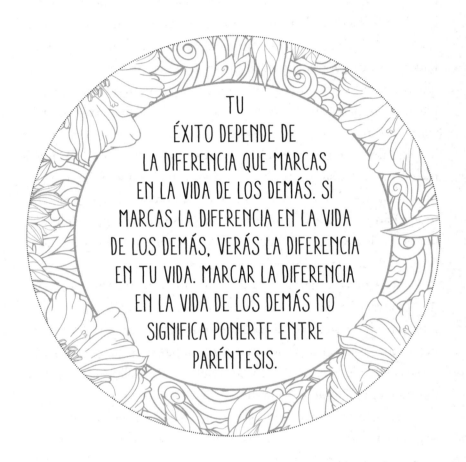

TU ÉXITO DEPENDE DE LA DIFERENCIA QUE MARCAS EN LA VIDA DE LOS DEMÁS. SI MARCAS LA DIFERENCIA EN LA VIDA DE LOS DEMÁS, VERÁS LA DIFERENCIA EN TU VIDA. MARCAR LA DIFERENCIA EN LA VIDA DE LOS DEMÁS NO SIGNIFICA PONERTE ENTRE PARÉNTESIS.

Como ya he mencionado, hay sufrimiento a nivel profesional. Constato una gran pérdida de motivación en mucha gente. Puede que tú, que estás leyendo este libro, no estés trabajando por tu cuenta, sino que seas empleado de empresa y sin embargo sientas que no te concierne. Desengáñate, te concierne igual.

¿Cómo te sientes cuando llegas a casa por la noche?

¿Cómo te sientes si has marcado la diferencia en la vida de los demás?

Cierto es que puede haber cosas que no puedas cambiar porque no eres el jefe, pero puedes responder amablemente, sonreír, intentar hacerlo lo mejor posible, contentarte al saber que el cliente que tienes delante se siente escuchado, que se le toma en cuenta. Incluso si el cliente no está delante de ti pero estás tratando su caso, adopta la misma conciencia. Y al final del día, fíjate en la diferencia que supone para ti el haber trabajado en esta dinámica. Puede que no hayas arreglado lo que va mal, pero estarás en otra dinámica. No solamente tendrás la satisfacción de haber marcado la diferencia en lo que al cliente se refiere, sino que también habrás marcado la diferencia en lo que a ti respecta.

Haz la prueba durante unos días y fíjate en qué tipo de energía te encuentras al final del día. Estoy segura de que al considerar las cosas desde un ángulo diferente, te sentirás mucho menos cansado. Poco a poco te darás cuenta de que ves tu vida de otra manera y también es posible que, profesionalmente hablando, surja la idea de cambiar de trabajo al tener claro lo que es importante para ti. Ocuparás tu lugar, y también puede surgir una oportunidad.

Esto puede aplicarse a cualquier oficio: en una fábrica (si fabricas algo, no olvides que al final existe un cliente feliz de comprarse un coche, una prenda de ropa...); en un laboratorio (hay enfermos para los cuales tu conciencia profesional cuando verificas los productos es vital...); en la administración (detrás del caso del que te ocupas hay una persona feliz de que se haya tratado su problema...).

Tu trabajo es el eslabón de una cadena que te relaciona con otras personas, incluso si te son desconocidas. Siempre existe una interdependencia.

Acompaño a gente a nivel profesional e imparto formaciones en las empresas. Soy muy consciente de la presión de los objetivos que pesan sobre ellos. Hay que tratar tal cantidad de casos o datos al día, así que te fijas el objetivo y te olvidas del resto. Haces tu trabajo con resentimiento, bajo presión, y llegas agotado a casa. Normal. Sin embargo, estoy segura de que si consigues ver tu trabajo de la manera en que he explicado antes, te sentirás menos frustrado y volverás a sentirte alegre, a tener proyectos... Hagas lo que hagas, hazte la siguiente pregunta: «¿Cómo puedo marcar la diferencia en lo que hago?».

CUANDO ESTÁS ALINEADO CON LO QUE ERES, ESTÁS ALINEADO CON LAS LEYES CÓSMICAS. CUANDO ESTÁS ALINEADO CON LO QUE ERES, TU VIDA FLUYE.

Cultiva el ser en vez del hacer

Los puntos importantes de este capítulo te hablan del ser, de tu interior. Este espacio siempre será tu guía a dos niveles:

- Para ayudarte a centrarte y ser capaz de proyectarte hacia lo que quieres.
- Como punto de referencia para saber si eres justo o no (con relación a ti mismo, por supuesto).

Somos seres humanos que actúan la mayoría de las veces como hacedores. Nos apegamos al exterior, a los resultados, y perdemos el camino hacia nuestra alma. Además de todas las insatisfacciones ya mencionadas, es un estado de sufrimiento que cultivamos.

Cuanto más en contacto estés con tu Ser, más vasto, fluido y vibrante será tu espacio interior. Aumentas tu vibración y te sientes alineado con el universo, estás predispuesto a alcanzar tus sueños y objetivos.

No pienses que esto solo es importante para cuestiones espirituales, lo es también para lo material. Es esa parte de tu Ser la que se conectará con la Fuente, y esta «responderá». La respuesta que obtendrás será la manifestación material.

- Reflexiona sobre el hecho de que lo que ves de tu vida está impregnado de tu Ser.

Puede que concluyas de manera precipitada que tu Ser es más bien pobre. Te lo aseguro, no es pobre, lo que pasa es que le estás dando golpes, lo censuras, lo amordazas, le envías un estruendo ensordecedor de postulados mentales...

Por supuesto que lo que hacemos es importante, pero hemos antepuesto la acción a todo lo demás sin tener un buen punto de partida. O prevemos algún tipo de resultado sin saber bien de dónde viene. Es como un río, siempre existe una fuente. Esa fuente eres tú, tu Ser.

Vamos a hacer un pequeño test: si te pidieran que hablaras de ti, ¿qué es lo que dirías?

- Soy...
- Soy...
- Soy...
- Soy...
- Soy...

O más bien:

- He hecho...
- He hecho...
- He hecho...
- He hecho...

Durante años, no dejaba de hacer cosas. Estudiar, esforzarme cada vez más en algo nuevo... No me daba cuenta de que me situaba en el exterior de mí misma olvidándome del presente. Y cuantas más cosas hacía, menos veía resultados satisfactorios. Me encontraba en una especie de lucha en la que gastaba muchísima energía.

Un buen día simplemente fui consciente de ello y simplemente dejé de hacer. Y se hizo... solo. Las soluciones venían hasta mí, las cosas venían a mí. Constataba un movimiento natural, un fluir y un verdadero bienestar personal.

Esto tampoco quiere decir que me sentara a esperar. Ya estoy oyendo la pregunta que te estás haciendo. Pero ¿cómo hacerlo? No hay que hacer nada para ser, simplemente ser.

SE TRATA DE UNA CUESTIÓN DE ORIENTACIÓN DE TU CONCIENCIA.

Cuando te sitúas en tu Ser, generas movimiento ya que te conviertes en el motor de la acción simplemente con tu presencia. Llevarás a cabo las acciones justas y necesarias para ir en la dirección de aquello que deseas.

- El ser implica vivir en el momento presente con el infinito campo de posibilidades que eso conlleva.
- El hacer implica responder al pasado, la mayoría de las veces a sus aspectos negativos.

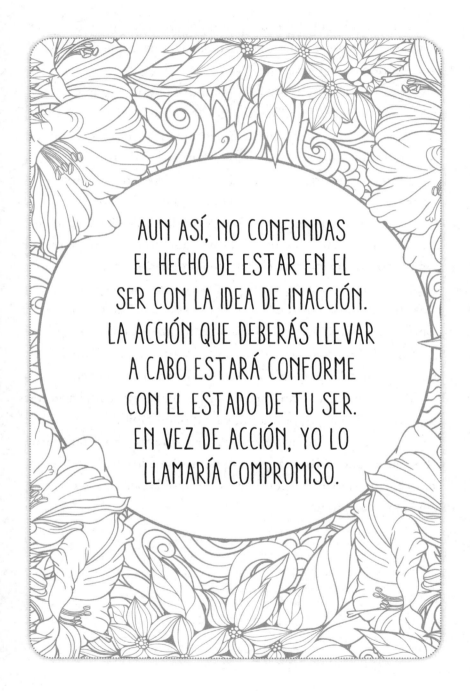

AUN ASÍ, NO CONFUNDAS
EL HECHO DE ESTAR EN EL
SER CON LA IDEA DE INACCIÓN.
LA ACCIÓN QUE DEBERÁS LLEVAR
A CABO ESTARÁ CONFORME
CON EL ESTADO DE TU SER.
EN VEZ DE ACCIÓN, YO LO
LLAMARÍA COMPROMISO.

Cuanto más cultives esta noción del ser, más alineado estarás y menos esfuerzos inútiles tendrás que hacer para que tu vida vaya en el sentido que quieras que vaya.

Después de numerosos años acompañando a la gente, ya sea de manera individual o en grupo, me doy cuenta de hasta qué punto no sabemos escuchar nuestros sentimientos, hasta qué punto estamos desintonizados, cuán lejos estamos de nuestro cuerpo.

Quizás te sorprendas que hable del cuerpo en el contexto de la alineación; sin embargo, es él el que será tu indicador.

Como he dicho anteriormente, cuando estás alineado, te encuentras en un estado de bienestar interior. Todo te parece justo, como si todo estuviera en su lugar, bien ordenado. Es una sensación física, no solamente mental. Sin embargo, demasiada gente es incapaz de ser consciente de lo que siente salvo cuando es doloroso, como si el sentimiento se limitara únicamente al dolor o a algo extraordinario que nos fuera ajeno y buscáramos mentalmente la forma que podría adoptar. Además, tenemos tan poca conciencia que no sabemos apreciar cuándo las cosas van bien. Peor aún, hacemos que se torne banal... y, por tanto, pasa desapercibido.

Voy a proponerte algunos ejercicios para ayudarte a conectarte a tus sensaciones. Una vez que adquieras el hábito, no solo te hará sentir mejor, sino que te permitirá saber rápidamente cuándo estás alineado y cuándo no.

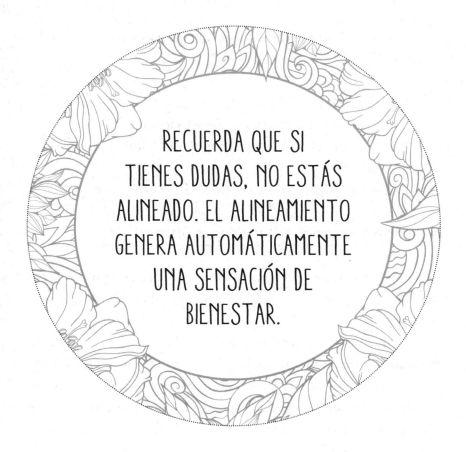

RECUERDA QUE SI TIENES DUDAS, NO ESTÁS ALINEADO. EL ALINEAMIENTO GENERA AUTOMÁTICAMENTE UNA SENSACIÓN DE BIENESTAR.

Lo que sucede a menudo es que cuando nos encontramos en una situación un tanto delicada, incluso perturbadora, no escuchamos a nuestro cuerpo. Y el mensaje está ahí. No confiamos en nuestras sensaciones hasta que no hemos encontrado una solución a nivel mental. Cuanto más cultives esa capacidad de volver a ti, de sentirte en calma, relajado y a gusto, menos energía perderás porque sabrás de manera casi instantánea lo que es justo y lo que no.

Aprende a reconocer tus sensaciones. Me doy cuenta de que la gente busca cosas verdaderamente complicadas en todo lo concerniente a las sensaciones. No es que no sientan nada, pero no saben reconocerlas porque buscan... con su cabeza.

Los ejercicios siguientes que te invito a hacer van a serte útiles a varios niveles:

- Para aprender a alinearte.
- Para aprender a reconocer tus sensaciones.
- Para ayudarte a conectarte con tu intuición.

Las sensaciones pasan por el filtro del cuerpo.

Aprende a reconocer tus sensaciones

Ponte de pie con los pies bien apoyados en el suelo (sin zapatos) y los brazos cayendo a ambos lados del cuerpo; cierra los ojos si es posible.

Comienza contrayendo los dedos de los pies como si estuvieras tratando de agarrar un bolígrafo y después intensifica la contracción para que todo el pie se contraiga. Siente lo que ocurre en tu interior, especialmente en los pies y en las piernas, mientras estás contraído de esta manera. A continuación, relaja los pies. Repite el ejercicio tres veces.

Una vez hayas terminado, ¿sientes alguna sensación particular en tu cuerpo?, ¿como la impresión de tener los pies más calientes, más anchos, más grandes, más fríos...?

Anótalo en un papel.

Aprende a alinearte, a sentir tu cuerpo y a escuchar a tu intuición

Ponte de pie, en la misma posición que en el ejercicio anterior. Desplaza suavemente todo tu peso hacia delante de manera que tus talones casi se despeguen del suelo. Siente lo que ocurre en tu cuerpo. Vas a sentir sobre todo que los músculos de la parte delantera de los muslos se contraen y puede que tal vez también los dedos de los pies. Sentirás que hay más peso en la parte delantera de los pies que en la trasera. Tómate un tiempo para observar y después vuelve a la posición inicial.

A continuación, haz lo contrario. Desplaza el peso de tu cuerpo hacia atrás de manera que los dedos de los pies casi se despeguen del suelo. Comprueba lo que pasa. Observa cómo los músculos de las piernas se contraen, así como los glúteos. Puede que también sientas tensiones aquí y allá.

Las observaciones que adviertes son sensaciones. Pueden parecerte triviales porque son normales, pero son sin embargo un vínculo que te permite volver a ti mismo, a tu cuerpo.

¿Cuántas veces sentimos tensión, o incluso malestar, y no escuchamos estos mensajes que nos envía nuestro cuerpo? Cada vez que actúas de esta forma, te alejas de ti. ¿Cómo pretendes percibir algo más delicado, como tu intuición?, ¿cómo puedes pretender estar alineado si vives en la periferia de tu cuerpo?

No busques algo extraordinario, vuelve a lo más sencillo, a ti mismo, a tu centro. Cuanto más lo hagas, más mensajes sutiles te ofrecerá tu cuerpo que tú sabrás interpretar y más aumentará tu confianza en ti mismo. Tus dudas se desvanecerán por sí mismas porque te instalarás en la certeza.

Aprende a situarte en un estado de bienestar

En este ejercicio te propongo que busques los momentos en los que te sientes bien. Puede ser por ejemplo cuando te das un baño, después de correr, después de haber escuchado una canción, tras una buena lectura, en un momento de meditación, etc.

- Cuando te encuentres en ese estado de bienestar, tómate tu tiempo para acogerlo plenamente, saborearlo y disfrutarlo.
- Después, recuerda uno de esos momentos en los que has sentido ese estado de bienestar y observa cómo se traduce en tu cuerpo.

Cuanto más te acostumbres a sentir momentos de bienestar, a saborearlos, más se instalarán en el tiempo y sabrás reconocerlos. De esta forma, cuando una situación se presente, sabrás automáticamente si te genera bienestar o no. Si es así, estás alineado con tu Ser más profundo, **vives conforme con tus elecciones y deseos.**

PARA ENCONTRAR EL CAMINO
DE VUELTA HACIA TU AUTÉNTICO
SER HAS DE ALINEARTE CON
QUIEN REALMENTE ERES.

APRENDE A ALINEARTE

«Tu tiempo es limitado, no lo malgastes llevando
una existencia que no es la tuya.
Ten la valentía de escuchar a tu corazón y tu
intuición. El resto es secundario».
Steve Jobs

Buscar el ser en el exterior es la mejor manera de no encontrarlo. Nadie lo puede hacer por ti, aunque quieran hacértelo creer. Ese es el camino del éxito. Todo depende de ti, de tus aspiraciones, y tienes que aprender a confiar en ti mismo. Tu Ser está siempre conectado a ti y se expresa de mil y una formas. Por desgracia, no escuchamos aquello que percibimos, lo apartamos y seguimos diciendo en voz alta: «Quiero conocerme, quiero establecer una relación conmigo mismo, quiero ser yo pero no sé quién soy».

Lo que eres, es decir, tu Ser, se comunica contigo, pero tú lo haces callar con desprecio. ¿Y si tu estrés fuera una de las maneras de expresarse de tu Ser?, ¿y si tus sueños nocturnos te ofrecieran la solución a tus problemas?, ¿y si tus sueños y deseos tuvieran un nexo con tu Ser?, ¿y si todo lo que rechazaras fuera la manera que tiene tu Ser más profundo de decir alto y claro: «Para, escúchame»?

ACUÉRDATE DE QUE
CADA VEZ QUE SURGE UNA
INSATISFACCIÓN, CADA VEZ QUE
SIENTES TENSIÓN... SIGNIFICA QUE HAS
TIRADO DEMASIADO DE LA CUERDA Y QUE TE
ESTÁS ALEJANDO DE TI. CUANDO VUELVAS A UN
ESTADO DE UNIDAD Y DEJES DE SEPARAR CUERPO
Y MENTE, LO MATERIAL Y LO ESPIRITUAL, LOS
DIFERENTES NIVELES DE TU SER SE ALINEARÁN
Y LA FLUIDEZ SE INSTALARÁ EN TU VIDA.
NO OLVIDES QUE RECONCILIARTE CON
TUS SUEÑOS ES SINÓNIMO DE
ÉXITO Y FELICIDAD.

Para ello, vamos a ver a continuación cuáles son los diferentes niveles del ser.

Los diferentes niveles del ser

Llegados a este punto habrás entendido que tienes que cambiar tu punto de vista y no esperar nada del exterior, ya que este es una respuesta a lo que sucede en tu interior. Tener la vida de tus sueños depende de ti, y para conseguirlo deberás tener en cuenta tres niveles que yo llamo los tres niveles de la existencia.

El primer nivel es el físico. Concierne no solamente a tu cuerpo, sino a tu encarnación en el sentido más amplio del término, en el sentido de la materia.

El segundo es el nivel psíquico, que atañe a los pensamientos y emociones.

Y por último está el nivel espiritual, del que forma parte el nivel anterior, pero que yo considero aquí en un sentido mucho más amplio de tu relación con el universo.

El nivel físico

Este espacio no solo abarca el cuerpo, sino también todo lo referente a lo material. Es lo que yo llamo la manifestación. Recuerda que al principio te expliqué que la materia era energía densificada. Lo que ves es el resultado de niveles más sutiles. Hay una parte inconsciente (al menos en el estado actual de lo que conocemos) y una parte sobre la que podemos intervenir. Solo que no vamos a intervenir a nivel puramente físico. En el nivel físico, estamos en el mundo de la forma, y la forma nace en otra parte. Es sobre esa otra parte donde vamos a poder intervenir.

Aun así, reconocer ese lado físico, esa manifestación, y acogerlo, son fases importantes si lo que queremos es transformar nuestra vida.

Si nos fijamos sin cesar en aquello que va mal, en aquello que no nos gusta, siempre cultivando la queja, lo único que haremos es reforzarlo y quedarnos en el mismo nivel de conciencia. Es como si dijéramos: «Eso no vale para nada». No podemos negar lo que ya existe, debemos tenerlo en cuenta.

Cierto es que lo primero que hay que hacer es ver aquello que no nos gusta, ya que se trata en efecto del resultado de un espacio dentro de nosotros que se expresa de esa forma. Al principio no es fácil y caemos en el juicio. Después, cuando comprendes que se trata de un plano de conciencia en el que funcionas, puedes ver de otra manera lo que sucede y abrirte a la posibilidad de algo mejor. Es un poco como decir: «Está bien y quiero que sea aún mejor».

Necesitamos este espacio material porque somos seres encarnados. En este espacio se manifiestan no solamente la expresión de la psique, sino también el nexo con el nivel espiritual. Los tres niveles están conectados y son interdependientes. Funcionamos a estos tres niveles aunque no siempre seamos conscientes de ello.

El éxito, tema de este capítulo, se expresa verdaderamente a este nivel, y muchas personas se quedan ahí sin tener en cuenta los otros niveles, que son tan importantes como el primero, si no más. Cuando te quedas en el resultado, a menudo te sitúas al nivel de «tener éxito en lo que respecta a tu vida» en vez de «tener éxito en lo que respecta a la Vida».

LO QUE TÚ EVALÚAS EN
TÉRMINOS DE ÉXITO, SEA CUAL
SEA EL ÁMBITO, ES LA MANIFESTACIÓN
DEL EQUILIBRIO ENTRE ESTOS TRES
NIVELES DE EXISTENCIA EN TI. EN EL PLANO
MATERIAL EN TÉRMINOS DE MANIFESTACIÓN,
RESULTADOS; EN EL PLANO PSÍQUICO EN
TÉRMINOS DE PENSAMIENTOS, DESEOS,
ELECCIONES, EMOCIONES, COMPROMISO; EN
EL PLANO ESPIRITUAL EN TÉRMINOS DE
INTERACCIÓN CON EL UNIVERSO.

También hablaré aquí del ego. El ego es todo aquello que constituye nuestra personalidad. Está impregnado asimismo del nivel psíquico de la existencia. Estos dos espacios se entrelazan, y vivimos en la ilusión de que somos este cuerpo, de que somos nuestros pensamientos, nuestras emociones. Sin embargo, lo que expresa nuestro cuerpo es la manifestación de nuestro nivel de conciencia. Cambia de nivel de conciencia y tu cuerpo cambiará. En el caso de algunos, también somos extremadamente dependientes de nuestras posesiones materiales, a las que atribuimos el poder de nuestra felicidad. Ello significa estar situado más bien en el nivel material.

Aunque algunas personas están extremadamente ancladas en este plano, otras lo rechazan. Lo rechazan porque creen estar dentro de una dinámica espiritual. Establecen una separación entre el mundo material y el espiritual. Esta separación crea sufrimiento en su alma, es decir, a un nivel mucho más profundo de su ser.

- El plano de existencia material manifiesta el conjunto de los tres niveles. De alguna manera lo hace visible, y no podemos permitirnos rechazar uno de los planos. Por el contrario, es necesario encontrar el equilibrio. Encontrar el equilibrio no impide tener éxito, ni mucho menos, ya que el éxito es la manifestación del equilibrio entre los tres planos de tu Ser. Tu alma, el nivel espiritual, necesita realizarse en el plano material.

- Nuestros niveles de conciencia se manifiestan en la materia; cambia de nivel de conciencia y tu vida cambiará.

¿Qué pones tras la palabra *éxito*? El éxito cubre muchísimos campos diferentes para cada persona.

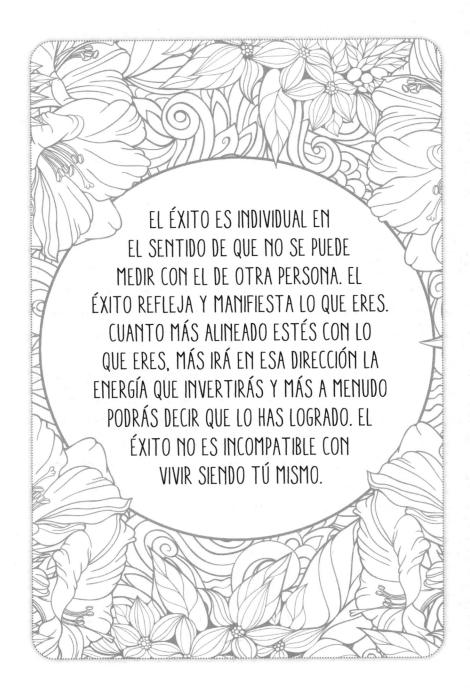

EL ÉXITO ES INDIVIDUAL EN
EL SENTIDO DE QUE NO SE PUEDE
MEDIR CON EL DE OTRA PERSONA. EL
ÉXITO REFLEJA Y MANIFIESTA LO QUE ERES.
CUANTO MÁS ALINEADO ESTÉS CON LO
QUE ERES, MÁS IRÁ EN ESA DIRECCIÓN LA
ENERGÍA QUE INVERTIRÁS Y MÁS A MENUDO
PODRÁS DECIR QUE LO HAS LOGRADO. EL
ÉXITO NO ES INCOMPATIBLE CON
VIVIR SIENDO TÚ MISMO.

El nivel psíquico

Nos encontramos aquí en el nivel que solemos llamar del inconsciente. A menudo lo abordamos buscando las causas de nuestro malestar a través de nuestra mente. Nos quedamos en el exterior, mientras que el malestar está provocado por nuestros pensamientos y emociones, que están relacionados con los niveles de conciencia en los que funcionamos. Es por tanto a través de los pensamientos y las emociones como abordaremos el nivel psíquico.

El campo de los pensamientos: nuestros sueños, deseos, creencias e intuiciones. Se manifiestan en forma de ideas, imágenes y pensamientos.

Los pensamientos son neutros en un principio. Sin embargo, lo que hace que los califiquemos de positivos o negativos es el filtro de nuestras emociones, que confundimos con el hecho de que sean agradables o desagradables.

El campo de las emociones: los pensamientos y las emociones son indisociables. Si practicas la meditación, sabrás de lo que hablo.

Un pensamiento genera una emoción y esta a su vez alimenta pensamientos. Estamos en lo que se llama una dinámica mental.

CIERTAMENTE NO PODRÁS CAMBIAR TU VIDA DE LA MANERA QUE QUIERES A MENOS QUE ASOCIES ESTOS DOS ELEMENTOS.

El campo de los sentimientos: los sentimientos se asocian a menudo con las emociones. Si la cólera es una emoción, el odio y la rabia se sitúan más bien en el ámbito de los sentimientos. Un sentimiento revela más de un estado. Comoquiera que sea, los sentimientos entran en el ciclo de pensamientos y emociones.

No pienses que si tienes un pensamiento negativo, el hecho de decirte que hay que pensar de manera positiva va a cambiar las cosas. Puede que consigas tener un pensamiento diferente, pero si en el fondo tu sentimiento no coincide con el pensamiento, será tu sentimiento el que prevalecerá. Es el freno del que hablaba antes. El campo de los pensamientos y el de las emociones deben vibrar en el mismo tipo de frecuencia para que exista movimiento externo, tanto en un sentido como en el otro.

Por ejemplo, si decides que lo que quieres es atraer la abundancia, sea cual sea el ámbito que elijas, no bastará con imaginarlo, o incluso repetir una frasecilla o mantra. Si sientes que se te encoge el estómago, si una vocecilla escondida en lo más recóndito de tu cabeza sigue surgiendo para susurrarte: «Nunca funcionará...», o si te dices: «Soy demasiado mayor para que mi vida cambie...», o si no sientes conexión interior alguna, entonces no hay coherencia entre tus emociones y tus pensamientos.

Es imperativo que estos dos puntos estén cohesionados. Si es el caso, sentirás un estado de unidad, una fuerza, una energía interior, porque toda tu energía se torna en el mismo sentido.

¿Qué hacer si no existe cohesión entre estos dos espacios? Lo primero de todo es reconocerlo, no juzgarte ni culpabilizarte y no desanimarte. Estás en camino hacia un trabajo interior que te permitirá cambiar planos de conciencia.

Detecta el freno, siéntelo. No dudes en escribir todo lo que te pasa por la cabeza, puede que un recuerdo emerja. Tienes derecho a tener frenos. No fuerces las barreras, están ahí por una razón. A veces se superan rápidamente, otras veces no tanto.

Dite a ti mismo que, durante años, has operado en una cierta forma de inconsciencia. Ahora te encuentras en un estado de conciencia, es el final de una lucha.

Cuando dejamos de luchar y aceptamos una dificultad, cualquiera que esta sea, no significa que renunciamos, significa que encarnamos el presente, abrimos los ojos y vemos. Entonces algo sucede a un nivel mucho más sutil que permitirá una transformación en la medida en la que te sea posible.

Personalmente, yo me acerco a esos espacios de apertura gracias a la respiración y la meditación, y he aprendido a dirigir mis pensamientos en la dirección correcta. Durante mucho tiempo utilicé técnicas emocionales, pero hoy en día le doy prioridad a este espacio de consciencia, de presencia, de aceptación. Cuando haces esto, das acogida a todo tu Ser, en todas tus dimensiones. Te descubres y te das la posibilidad de descubrir el Gran Ser que eres.

Otra cosa que puedes hacer para ir en la dirección que quieres, incluso cuando encuentres resistencia, es pensar en ello asociándolo a una imagen. En el momento en el que eres consciente de que existe un freno, una parte de ti empieza a abandonar la lucha. Es como si hubieras dejado de lado el freno durante un momento para concentrarte en aquello que deseas conseguir. Asociarás una imagen que resonará en tu interior de manera constructiva.

Por ejemplo, quieres comprar una casa, pero no dispones de los medios adecuados y la situación actual se te antoja bastante desfavorable. Tienes dos opciones: o puedes renunciar, o bien puedes imaginar la persona que serías en la casa que se ajusta a ti. No olvides que el estado de imposibilidad del presente es el resultado de algo ya pasado. Si te encuentras en la dinámica de bienestar que suscita la idea de esa casa y del estilo de vida correspondiente, algo que no conoces se ha puesto ya en marcha.

Este tipo de ejercicio requiere cierto grado de presencia. Tienes que estar verdaderamente atento a todo aquello que piensas y sientes en lo relativo a aquello en lo que estás poniendo el foco. Es necesario que te olvides del resultado. Si dudas, ya estás otra vez en la lucha. Este tipo de trabajo debe efectuarse sobre un terreno virgen, virgen de emociones y de expectativas de resultado.

Cuando decimos que ya nos hemos puesto en marcha, se trata de una noción sutil. No significa que sea algo mágico y que tengas un pensamiento todopoderoso en el sentido que solemos escuchar. De lo que realmente se trata es del momento presente. Cuando estás en el momento presente, estás conectado a tu Fuente, que a su vez está conectada a la Fuente. Me atrevería a decir que es como estar conectado a un punto, el centro del universo, el centro del Tiempo donde todo existe, donde todo está contenido.

Este espacio es un campo de posibilidades.

Me parece importante desarrollar este punto relativo a la omnipotencia. Lo que escribo en este libro no va en el sentido de «consigue todo lo que quieres, y si no lo consigues es porque lo estás haciendo con mala voluntad o no has aplicado los principios adecuados». Se trata de entender cómo funcionas para poder cambiar tu manera de ser y de pensar. El eje central son los sentimientos y las emociones.

- Trabajar a ese nivel puede ayudarte de manera clara a cambiar las cosas en tu vida y acercarte lo máximo posible a aquello a lo que aspiras.

Tu filtro sigue siendo tu estado emocional, razón por la cual es imperativo que tengas conciencia de ello y lo aceptes. Deseamos tanto desquitarnos de nuestras emociones que creamos una lucha.

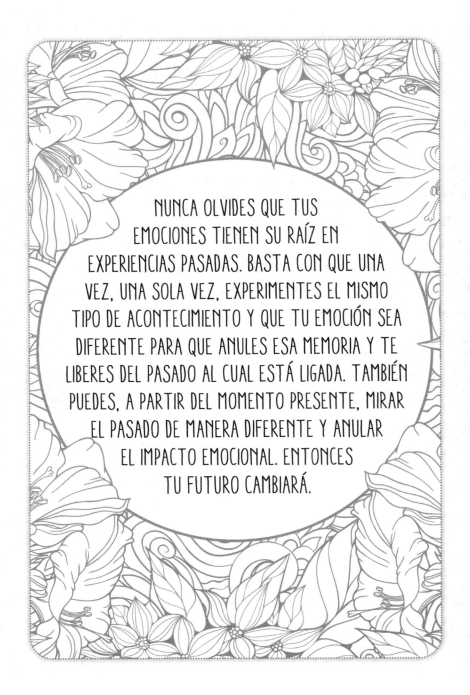

NUNCA OLVIDES QUE TUS EMOCIONES TIENEN SU RAÍZ EN EXPERIENCIAS PASADAS. BASTA CON QUE UNA VEZ, UNA SOLA VEZ, EXPERIMENTES EL MISMO TIPO DE ACONTECIMIENTO Y QUE TU EMOCIÓN SEA DIFERENTE PARA QUE ANULES ESA MEMORIA Y TE LIBERES DEL PASADO AL CUAL ESTÁ LIGADA. TAMBIÉN PUEDES, A PARTIR DEL MOMENTO PRESENTE, MIRAR EL PASADO DE MANERA DIFERENTE Y ANULAR EL IMPACTO EMOCIONAL. ENTONCES TU FUTURO CAMBIARÁ.

Una emoción es una dinámica, genera una energía. Cuanto más fuerte sea tu carga de energía positiva, constructiva, menos impacto tendrá la carga de energía negativa, ya que crearás nuevas conexiones neuronales. El error sería pensar que nunca tendrás emociones «negativas», o incluso que hay que hacerlas desaparecer.

Cada vez que niegas una emoción negativa, la estás reforzando. Así que cada vez que le digas a alguien: «Tienes que ver el lado positivo de las cosas» o «Piensa de manera positiva», estás negando lo que ya está ahí. Es totalmente diferente de ver qué otro ángulo de vista se puede adoptar.

Una pregunta que lleva a la apertura podría ser del tipo de: «¿Cómo podría ver esta situación de diferente manera?».

LA PREGUNTA QUE
NOS HACEMOS CREA
UNA CONTINUACIÓN
PORQUE ABRE UN
CAMPO NUEVO.

Cuando tomas conciencia de que tienes tendencia a cultivar pensamientos negativos, a cerrarte, no se trata de que te culpabilices o pienses que está mal... Eres como eres y eres perfecto tal cual. Lo primero de todo ya lo has hecho, es tomar conciencia. Lo segundo es aceptarlo y decidir que quieres orientarte hacia otro modo de pensamiento más constructivo.

Siempre tendrás pensamientos negativos, lo único es que los percibirás más fácilmente y más a menudo, tendrás menos tendencia a alimentarlos y sabrás conectarte a un campo constructivo abriéndote a la posibilidad de que sea de otra manera. Si abres esta ventana desde una perspectiva diferente, aunque no sepas cómo, te estarás conectando con un campo de infinitas posibilidades.

Si tienes dificultades para ello, la meditación es un excelente medio, te puede ayudar.

Cuando te conectes a un campo más constructivo, verás el mundo que te rodea de manera diferente. Primero porque sabrás fijarte en lo bello, en lo generoso, en todo aquello que aporta alegría y bienestar. Cuanto más sepas percibir todo esto, más irá tu vida en ese sentido. Y si, por un casual, encuentras un obstáculo, dispondrás de los recursos internos necesarios para encontrar soluciones.

Por ejemplo, si estás pasando por un momento difícil y sientes que tu energía se resiente, sé consciente de lo que ocurre. Date cuenta de que esto no es toda tu vida, tu campo de acción no se reduce a esta dificultad. Es la emoción perturbadora que crea el árbol lo que oculta el bosque. Intenta encontrar un espacio en el que te sientas bien, donde puedas obtener energía constructiva. No se trata de una huida hacia dentro, sino de saber volver a esta fuente de manera regular para sentir bienestar y reencontrarte, aunque solo sea por unos instantes, con esa sensación. Puede tratarse del entusiasmo que sientes cuando haces cierta actividad. Es importante que sea algo de lo cual tú seas el motor porque en ese momento estás en contacto con tu energía constructiva. Es como si cargaras las pilas, y puede incluso suceder que sientas malestar al mismo tiempo que sientes ese espacio de renovación. Estás agrandando tu espacio interno.

• En la parte práctica encontrarás un ejercicio específico para acompañarte en este capítulo.

Reconocer tus principales estados te permite adquirir más lucidez y ser más consciente. Son puertas que se abren para poder ir más lejos.

Te preguntarás qué es lo que vas a hacer una vez hayas identificado todo eso. Lo primero, ya no andarás sobre un campo de minas, sino que estarás al aire libre. A continuación, es a partir de ese punto cuando podrás elegir el enfoque que más te convenga para cambiar.

El hecho de ver esos estados y aceptarlos es un poco como si supieras mejor con quién estás tratando. Una persona que no tenga ninguna conciencia de ello o que lo vea como algo contra lo que no se puede hacer nada no tiene ninguna razón para emprender nada.

Como ya hemos visto, los cerebros límbico y reptiliano orquestan nuestras emociones, tanto positivas como negativas. Cuando te pones frenos, estás funcionando con las conexiones neuronales «negativas». Cuanto más te apoyes en tus recursos naturales positivos focalizándote en tus deseos, más conexiones neuronales «positivas» crearás. Es lo que por otra parte sucederá cuando te deshagas de tus resistencias.

Cuando ya has trabajado tus obstáculos y te vuelves a encontrar el problema, eso significa que aún no has llegado a la raíz. Para llegar a ella, no se trata de buscar mentalmente la causa, sino que tienes que ser capaz de conectarte con la vibración, es decir, con un nivel mucho más alto energéticamente hablando. Trabajamos en ese caso en los niveles cuánticos de las memorias. Los ejercicios del final del libro te ayudarán a crear conexiones positivas.

El nivel espiritual

El plano espiritual no está separado del material. El plano espiritual no es solamente un espacio etéreo, tiene que entenderse desde el punto de vista de la mente, y en ese caso, cubre varios niveles.

Los diferentes niveles del campo de la mente conciernen al plano emocional (las emociones), el plano mental (los pensamientos) y el plano espiritual en el sentido de dimensión sutil, a su vez «graduada» en varios niveles y llegando hasta la Fuente que yo llamo lo Divino.

Los niveles emocional y mental son los más físicos del plano espiritual. En referencia al aspecto físico, al cuerpo, se habla de psiquismo en lo que concierne a estos dos niveles. Desde mi punto de vista, pertenecen a la vez al plano material, porque no podemos negar el impacto de las emociones y los pensamientos, pero son también una especie de interfaz entre los niveles más sutiles de nuestro cuerpo físico. Es como si fueran un filtro.

En todas las tradiciones se habla de diferentes planos o diferentes cuerpos. Por mi parte, me refiero a la tradición del yoga en la cual fui iniciada y que practico desde hace más de treinta años. Es esta tradición lo que alimenta mi trabajo y no únicamente en lo que respecta a las posturas, sino en términos de reflexión, filosofía, enfoque de vida y trabajo mental.

Resumiré aquí lo más importante de este libro y que tiene que ver con este aspecto energético, sutil, de los diferentes niveles.

El cuerpo físico es la parte más densa de la energía, es decir, la manifestación de los planos sutiles. Además del cuerpo físico, tenemos otros cuerpos que se llaman cuerpos energéticos, invisibles (salvo para ciertas personas). Estos cuerpos se encajan un poco como si fueran matrioskas y resplandecen tanto en el exterior de nuestro envoltorio físico como en el interior. Se interpenetran. En sánscrito, estos cuerpos se llaman *koshas*, o envolturas, y según el yoga, existen cinco. En este libro te hablaré en concreto del cuerpo mental, que incluye los pensamientos y las emociones, al igual que del cuerpo causal. Estamos en efecto dentro del ámbito de la energía, de lo no tangible; por lo tanto, no intentes hacerte una representación como si lo hicieras de tu cuerpo físico.

En relación con el ámbito que nos interesa, que es el del pensamiento, nos encontramos con el de las emociones, de los pensamientos (sobre todo creencias) y lo que yo traduciría por la raíz del pensamiento. Esta raíz del pensamiento no nace solamente en nuestro interior, es decir, en nuestra historia personal, sino que también coincide con otros campos sutiles como la historia familiar y el ámbito colectivo. Nuestra conciencia se encuentra implicada en un fluir de fuerzas que no controla y del cual se convierte en juguete. Cuando estamos en esta dinámica, vivimos la vida por defecto y es el exterior lo que la determina. La conciencia necesita un esquema principal que va a depender a la vez de una representación del mundo y de la psique.

Como ya he mencionado, el nivel espiritual cubre el campo precedente, ya que concierne al mundo de la mente, en concreto el poder de la mente, pero en este espacio voy a hablarte del aspecto espiritual de tu relación con el universo.

EL UNIVERSO ES UN VASTO CAMPO DE ENERGÍA EN PERPETUO MOVIMIENTO. TÚ ERES UNA ÍNFIMA PARTE DE ESE UNIVERSO, PERO NO POR ELLO MENOS IMPORTANTE.

Me gusta esta idea que aparece en una obra de Raimon Panikkar,[*] que dice que si no hacemos nuestra parte, habrá un agujero en el Cosmos que nadie más podrá colmar.

A veces algunas personas me dicen que nunca pidieron nacer. Cierto es que se trata de un punto de vista bien práctico para cargar con sus rencores e insatisfacción. Otros adoptan un enfoque lleno de culpa en relación con un Dios creador a quien se lo debemos todo como si fuera un padre externo todopoderoso. Por mi parte, es más bien un punto de vista teñido de orientalismo el que sostiene mi experiencia y mi reflexión.

---

[*] N. de la T.: Pensador catalán del siglo XX.

Lo que es alucinante es que este punto de vista vino a mí cuando tan solo tenía siete años. A menudo entretenía a mi hermana menor con mis consideraciones metafísicas sobre el origen del universo y especialmente sobre mi vida. Recuerdo como si fuera ayer una frase que le decía: «¿Te das cuentas?, a lo mejor ya hemos vivido otras vidas y hemos elegido volver a nacer, y por eso estamos aquí». Únicamente precisar que formábamos parte de una familia atea.

Dejo libre elección para que cada uno se identifique o no con la noción de la reencarnación. Sin embargo, me gustaría llamar tu atención sobre el hecho de que tampoco se trata de ir a buscar lo que en una supuesta vida anterior podría haber generado nuestros bloqueos actuales. En ese caso todavía estaríamos en el lado causal.

Lo que me gustaría que retuvieras es que estamos inmersos en un universo que está compuesto de energía, la cual tomará cierta forma en el mundo material. Es esta noción de conciencia-energía la que determina nuestra relación con el universo.

La forma que toma esta energía universal en el mundo material, a nuestro nivel, pasa por nuestro filtro. Este filtro es lo que somos: nuestra historia, nuestra personalidad, nuestras emociones, nuestros pensamientos, nuestras acciones. Es un conjunto en el cual el universo resuena. Cuando escuchas un concierto, si el instrumento es de calidad, el sonido será hermoso y armonioso. Pero si el instrumento no ha sido afinado... Este filtro constituido por nuestros pensamientos y emociones no es inamovible. Podemos cambiarlo para que, físicamente, el resultado que obtengamos sea diferente.

Mucho antes de embarcar en tu vehículo (tu cuerpo), pertenecías a este espacio universal, digamos que como energía, consciencia. En el transcurso de la encarnación, esta parte, llamémosla «alma», sigue subsistiendo, pero por el hecho de venir a la materia, ya no es una vibración lo que predomina, sino tu personalidad, compuesta por tu dinámica familiar y personal, todo ello influenciado por la época y el entorno. Aun así, la vibración sutil del alma sigue ahí, activa. No duerme nunca y cuida de nuestro nexo con el Universo, con la Vida.

El alma responde a la armonía del universo y nos empuja hacia una vida armoniosa. Si te alineas con quien realmente eres, te acercas a esta dimensión espiritual que existe en ti.

A menudo estamos aislados de esta dimensión interior, y una de las lacras de nuestra sociedad es la falta de confianza. La falta de confianza se basa en la consideración de nuestra pequeñez. Si dirigimos nuestra mirada hacia nuestra grandeza, hacia esa dimensión más elevada que hay dentro de nosotros, sentiremos una conexión. La confianza ya no descansará solo en nosotros, sino en algo mucho más grande: la energía del universo.

Según el momento de nuestra vida, nuestra historia, incluso nuestra educación en algunos casos, estamos conectados en mayor o menor medida. Los grandes textos sagrados de la tradición hindú como los *Upanishads* nos dicen que es a esta dimensión a la que estamos llamados a unirnos.

Pero no estamos solamente llamados a regresar a esta dimensión superior una vez que hayamos abandonado nuestro cuerpo, sino mucho antes. ¡Ya mismo de hecho! Y ello en alineación entre tú y tu Ser.

Cuanto más escuches a tu parte más profunda, no solo tu vida será más armoniosa y fluida, sino que mejor te dirigirás hacia esa dimensión dentro de ti y más se impregnará en tu vida.

Puede que no seas adepto de la meditación, no tiene importancia. Esa relación con el universo es la naturaleza que te rodea, una puesta de sol, una flor, una sonrisa... El universo nos transmite su belleza y su amor en la sencillez de lo cotidiano. Sepamos simplemente pararnos para saborearlo y tornarnos hacia nuestro interior. Quizás descubramos tesoros.

Existen diversos tiempos y lugares para el reencuentro, pero en lo que concierne al cuerpo, el lugar de reencuentro está en el corazón. Es lo que se llama el corazón espiritual. Y ese lugar está animado por el Amor que comienza por uno mismo.

Esta última afirmación puede chocar a algunos. ¿No se suele decir que debemos amar a los demás? Nos olvidamos de que en el Decálogo (los Diez Mandamientos) se dice que «amarás a tu prójimo como a ti mismo». Pero no esperes poder querer al otro si no te quieres tú antes.

Quererse significa quererse incondicionalmente. Hayas hecho lo que hayas hecho, sea cual sea tu personalidad o lo que hayas vivido, quererse es aceptar todo eso, reconocerlo.

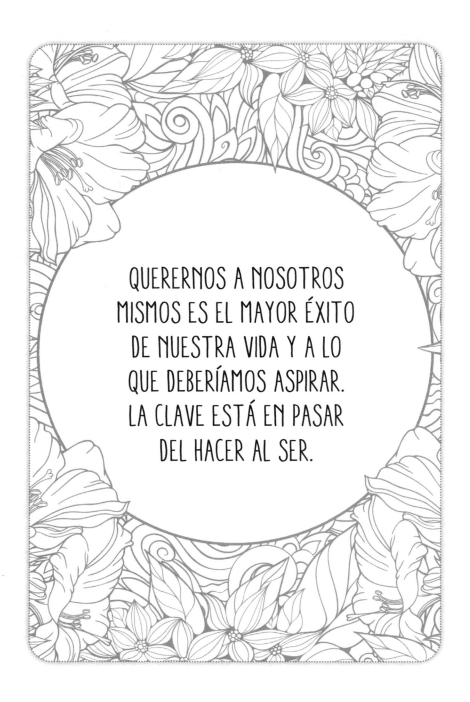

QUERERNOS A NOSOTROS
MISMOS ES EL MAYOR ÉXITO
DE NUESTRA VIDA Y A LO
QUE DEBERÍAMOS ASPIRAR.
LA CLAVE ESTÁ EN PASAR
DEL HACER AL SER.

LA INTUICIÓN

«De nada sirve estar en el camino correcto
si te quedas sentado».
San Agustín

A menudo ubicada en el fondo de una oscura olla, en la guarida de una vieja bruja, la intuición podría parecer un ingrediente inapropiado de cara al éxito. No te engañes. La intuición está ligada a tu Ser más profundo y a la noción de alineamiento. No necesitas convertirte en un faquir para adentrarte en tu intuición ni mucho menos para utilizarla. Es mucho más sencillo que todo eso, solo tienes que escucharte.

La intuición tampoco está reservada a unos pocos. Todo el mundo la tiene, pero no todo el mundo le presta atención. Tenemos cinco sentidos y la intuición es, como se dice a menudo, el sexto. Nos servimos de nuestros cinco sentidos en el mundo tangible porque lo que vemos, los demás también lo ven... En lo que respecta a la intuición, se trata de algo mucho más «personal» en su forma de manifestarse, lo que la vuelve inaccesible para los demás y requiere por nuestra parte estar presentes y atentos a lo que ocurre dentro de nosotros.

Puede que seas una de esas personas que dicen: «Yo no sé escuchar a mi intuición». Tu intuición no es un extraterrestre que va a llamar a tu puerta para darte un papelito con lo que tienes que hacer. Pertenece al orden de lo sutil, pero siempre tiene lugar en un movimiento que resulta de un intercambio entre tú y tu Ser y que genera una dinámica externa.

NO TENGAS MIEDO DE QUE TU VIDA TERMINE, SINO DE QUE NUNCA HAYA COMENZADO

¿Cómo se manifiesta en concreto en tu vida?

Más allá de las percepciones llamadas «extrasensoriales» que ciertas personas tienen, tu intuición se manifiesta a través de un pensamiento, una sensación, un impulso interno... que te acerca a ti mismo a un nivel más profundo. A veces está asociada a una acción ya que la acción es casi concomitante a la intuición. A veces podemos identificarla como intuición, otras veces no; es lo que nos hace actuar. Lo importante no es saber si se trata de tu intuición, sino de situarse en la energía que te permite ir en la dirección que quieres. Tu intuición te conduce siempre hacia la solución. Lo malo es que a menudo incluimos a nuestra mente. Cuanto más fluida sea tu vida, más podrás estar seguro de que tu intuición está en marcha. La intuición también es lo que nos da la inspiración.

¿Cómo reconocerla?

Como acabo de decir anteriormente, lo más importante no es saber si se trata de tu intuición, sobre todo si no le haces caso; lo más importante es seguir tu corriente de energía sin identificarla forzosamente como intuición.

La intuición puede parecer más o menos evidente, ello depende de la persona. De hecho, no es la propia intuición sino el resultado concreto que percibimos en nuestra vida lo que nos hace pensar que nuestra intuición es débil.

Pondré un ejemplo personal. Cuando decidimos cambiar de región, pasé unos días buscando una casa y ofreciendo clases de yoga. Era una ciudad pequeña y tenía tiempo libre así que decidí ir al ayuntamiento para ver qué posibilidades había para impartir clases de yoga. Hubo un malentendido entre lo que yo pedía y lo que decía la persona que me había recibido, de tal manera que me envió a un despacho y media hora más tarde salía con un contrato para dar clases de yoga a niños en la escuela a partir de la siguiente vuelta de vacaciones. Aun así, antes de irme reiteré mi petición para dar clases a adultos y me enteré de que eso no dependía del ayuntamiento. ¡El malentendido me había dirigido hasta el despacho adecuado!

A veces la intuición es esa idea genial que vamos a tener y que va a hacer que montemos nuestra propia empresa proponiendo algo original. O la idea genial que te hace llamar a la puerta de alguien y conseguir un fabuloso contrato. Los más grandes creadores e inventores escuchan a su intuición. Evidentemente, no basta con solo escuchar, también hay que poner la fase intermedia en marcha, es decir, pasar a la acción, para ver un resultado concreto.

El resultado no determina el valor de tu intuición. Sin embargo, tu intuición es ese impulso que te lleva a hacer algo sin haberlo «premeditado» forzosamente.

¿Cómo cultivarla?

Esta pregunta es lo mismo que si preguntáramos: «¿Cómo establecer la conexión con mi alma?». Cuanto más tiempo consagres a la relajación, la meditación y la conexión con tu creatividad, mejor escucharás tus sensaciones y más la verás crecer, y además más desarrollarás la noción de placer.

Seguir tu intuición es escuchar esa vocecilla interior, no siempre racional, que puede parecerte una idea extravagante pero que al final supone una reacción en cadena. Todo se encadena, las puertas se abren, fluyes con la vida.

Además, cuando este estado de bienestar está presente, se reducen las tensiones corporales que afectan a todos los sistemas de tu cuerpo. Es por lo tanto una ventaja para tu salud y para tu mente. Reducir las tensiones corporales disminuye las tensiones mentales y, en consecuencia, aumentas tu creatividad y estás mucho más predispuesto a escuchar a tu intuición.

Abre tus ventanas internas

«Cada vez que me dan el espacio para crear, para imaginar, me dan espacio para existir».
Carl Gustav Jung

¿Te has fijado en la propensión humana a la crítica? A menudo flota un aire de sospecha cuando las cosas van bien y las noticias que aparecen en los medios de comunicación no se privan de destacar todo aquello que va mal. Así es como crece la pesadumbre reinante, porque nos la creemos. De hecho, nos adherimos a un punto de vista porque, afortunadamente, no todo es malo. Hay cosas positivas, hermosas, pero es como si fueran tan sumamente normales que no les prestamos atención. Focalizamos nuestra atención en lo negativo, sin sospechar que de esa forma lo intensificamos hasta el punto de que a veces nos paramos a buscar lo que puede ir mal. Es como si diéramos rotundamente la espalda a otras posibilidades que por tanto están ahí.

RECOBRA TU FLUJO DE ENERGÍA

Seguramente ya hayas escuchado esta frase, relativamente frecuente a lo largo del año: «Qué bueno hace hoy»... y la respuesta, como un *leitmotiv*: «Sí, pero se va a estropear». Tenemos aquí dos formas de considerar este pequeño coro. La primera se inscribe dentro del pesimismo, la segunda es mucho más filosófica. En realidad, sin saberlo, cada vez que contestas así te inscribes dentro de la filosofía budista. La enseñanza de Buda es que nada es constante salvo el cambio. El problema está en que vemos las cosas solamente en ese sentido. ¿Quién tendría el reflejo de responder a la frasecita «qué malo hace hoy» con «sí, pero no va a durar»? Un refrán popular dice que tras la lluvia siempre viene el buen tiempo. Nuestra memoria parece ser corta. Si he elegido esta metáfora es porque actuamos exactamente de la misma forma para el resto. Y no hay diferencia en lo relativo a nuestro clima interno.

¿Cuánta gente ve cambios en su vida a los que no otorgan gran valor y se quedan a la espera de que las cosas vayan mal otra vez? Estamos gobernados por la duda y la falta de fe.

Cuando meditamos, observamos todos los fenómenos internos tanto a nivel de sensaciones físicas como de pensamientos y emociones. Todos ellos, ya sean agradables o desagradables, sin juzgarlos. Y después, en un momento dado, conseguimos alcanzar un estado interno que es el de la alegría y la tranquilidad. Todos los fenómenos internos se vuelven nubes que atraviesan el cielo.

Es exactamente lo mismo que ocurre en nuestra vida, solo que nos aferramos a las nubes.

Lo que nos mueve son nuestros miedos y muchos otros sentimientos restrictivos. Les concedemos una importancia desmesurada como si solo ellos ocuparan nuestra vida. Bien es verdad que vivir una etapa difícil o a veces extremadamente difícil no es fácil, pero es como una tempestad, no va a durar toda la vida.

Al aferrarnos a eso, nos alejamos del movimiento de la vida y de lo que somos. Comenzamos una terapia o a trabajar sobre nosotros mismos porque nos sentimos mal. Sentimos esa desarmonía, esa falta de alineamiento... Lo que queremos es encontrarnos mejor, recuperar nuestro equilibrio interno, y es absolutamente normal. Pero desgraciadamente muchas personas se quedan ahí y no se dan cuenta de que en realidad se están parando en el rellano. Desde mi punto de vista, todo proceso interno debe basarse en un camino de conciencia que es un flujo de energía. La conciencia no puede ser encerrada de ninguna manera, sino todo lo contrario, conduce a una apertura hacia uno mismo, hacia el Ser y hacia los demás. Se sitúa más allá del encierro del juicio. Eso es hacia lo que debemos procurar ir, y es totalmente posible. Sin ello, no podemos reconectarnos con nuestra alma.

Personalmente, he accedido a esa sensación de Alegría gracias a la meditación. He sentido ese estado interno, lo he reconocido, he entendido (no de manera intelectual) que ese estado siempre ha permanecido ahí, más allá de todo. Estuve atenta a lo que ocurría en mi cuerpo en el momento presente y sentí que una sonrisa aparecía en mis labios. He reencontrado este estado a menudo. Evidentemente durante las meditaciones, pero también fuera de ellas porque me di cuenta de que era independiente de cualquier objeto. Sin embargo, solemos atribuir nuestra alegría a nuestras posesiones, a nuestras relaciones, a lo que sucede en nuestra vida. Las posesiones, los acontecimientos y las relaciones pasan, cambian y evolucionan, pero no nuestra Alegría interior. Nuestra Alegría es nuestra Realidad.

Cuando abres tus ventanas internas, he aquí lo que te expones a ver: la Alegría. También corres el riesgo de sentir tu fuerza, no una fuerza bruta sino esa que realza tu potencia, tu poder interior.

En determinados momentos dejé de ver esa Alegría, pero sabía que seguía estando ahí. La perdía de vista porque me situaba detrás de las nubes y a veces incluso me aferraba a ellas. Es lo que a menudo sucede en nuestra vida cotidiana, nos aferramos a las nubes. Nos quedamos en estado de víctima, de impotencia.

Una vez que sabes lo que es esa Alegría, ese estado interior, tu visión del mundo puede tornarse diferente. Ves la dualidad, es decir, el blanco y el negro y todos los matices de grises. Estás en el movimiento de la vida. Cuando solo quieres ver una polaridad, te encierras y el movimiento se congela.

LA VIDA ES MOVIMIENTO; NUESTRA TAREA CONSISTE EN CONVERTIR ESE MOVIMIENTO EN DANZA.

Cuanto más fluida sea nuestra danza, mejor nos adaptamos a lo que es y más belleza creamos. Cada vez que retrasamos algo, le damos importancia sin darnos cuenta. El psicoterapeuta alemán Bert Hellinger explica en su magnífico trabajo sobre las constelaciones familiares: «Aquello que rechazamos nos encadena y persigue; aquello que amamos nos hace libres». Todo es energía. No he inventado nada cuando afirmo esto. Los textos tradicionales de yoga hablan desde la noche de los tiempos, «aventureros» de la consciencia como Sri Aurobindo* forman parte de los precursores en la materia y hoy en día las investigaciones en física cuántica lo demuestran. La materia es energía densificada. La energía, a nivel sutil, responde a una vibración, a eso que llamamos el «campo vibratorio». La energía correspondiente al miedo o las emociones no posee la misma vibración que la de la alegría o la compasión.

Puedes sentir esto simplemente prestando atención a tu estado interior cuando experimentes este tipo de emociones. En un estado de miedo, de temor, tu margen de operación se reduce. Tiendes a querer controlar lo que está sucediendo. Toda tu persona se vuelve rígida y no solo físicamente, sino también mentalmente, en tu forma de enfocar la vida. Fisiológicamente, cuando nos enfrentamos a un peligro (o algo que percibimos como peligro), existen tres modos de respuesta, que son la huida, quedarse paralizado o el ataque. Este mecanismo neurofisiológico forma parte de los mecanismos de supervivencia que necesitamos y que son vitales en algunos casos.

Por desgracia, hemos convertido las situaciones de miedo en una manera general de reaccionar, todo ello evidentemente de forma inconsciente.

---

* N. de la A.: Uno de los líderes del movimiento por la independencia de la India, filósofo, poeta, místico y escritor espiritual, que desarrolló un nuevo enfoque del yoga: el yoga integral.

Los mecanismos de supervivencia son la memoria más antigua de la humanidad. Nuestro tataratataratatarabuelo, el llamado hombre de Cromañón, vivía a este nivel de forma cotidiana. Estos mecanismos son necesarios cuando nos encontramos en peligro, pero, por suerte, el peligro ya no forma parte de nuestra vida diaria. Y por tanto no es nada extraño que nos encontremos dentro de este espacio. ¿Por qué? Porque no hemos desarrollado lo suficiente nuestra confianza en nosotros mismos, porque acarreamos viejas memorias que van más allá de nosotros, porque vivimos lejos de nuestra Realidad interior. Si operamos a partir de este espacio, conoceremos la apertura y, como por arte de magia, la vida fluirá. Todo nos parecerá entonces más fácil y recobraremos parte de nuestra confianza.

Estoy segura de que ya lo has experimentado. Seguramente hayas vivido momentos en los que todo fluía, en los que te sentías acorde contigo mismo. Es como si todo fuera liviano, tu verdadera fuerza emerge, mientras que cuando te encuentras en una vibración de miedo, de preocupación, tu mente no deja de buscar soluciones, como si fueran a emanar de ti. Tu campo de acción se restringe, sientes una especie de rigidez interna. No es el caso de la vibración de confianza ya que en ese estado las cosas vienen hasta ti. Te abres a otras posibilidades. Cada vez que puedas situarte en esta dinámica, te das la posibilidad de actuar desde otra perspectiva y cambiar de este modo todos tus puntos de vista. Y es entonces cuando aparecen soluciones que no se te habían ocurrido antes. Aparecen en forma de intuición, de idea, pero también en forma de acontecimientos externos que, por casualidad, te sirven para aquello que deseas.

Es una cuestión de energía. En psicología junguiana,* esto se llama sincronicidad. Otros lo llaman la ley de la atracción. Sea

---

* N. de la T.: También conocida como psicología analítica.

como sea, la respuesta externa está alineada con tu estado interno. Siempre.

Abre tu mente al mundo, aporta tolerancia, compasión, alegría, y el mundo te responderá de igual manera. Cierra tu mente y mira el mundo a través de los ojos del miedo, la cólera, la envidia, los celos, y tu vida será una correspondencia de eso mismo.

Estoy de acuerdo en que a veces está bastante claro y otras veces es más sutil. Pero si te cuesta reconocer tus creencias, cómo percibes el mundo en tu fuero interno a niveles inconscientes, incluso extremadamente inconscientes, fíjate en tu vida. Lo que vives refleja tus pensamientos. Y cuando digo pensamiento no me refiero solamente a nivel mental, sino de todo el campo vibratorio que lo acoge, es decir, a nivel de la memoria.

Los puntos de resonancia entre uno mismo y el otro

Siempre es mucho más fácil ver lo que no va bien en la vida de los demás que hacer la constatación para uno mismo.

Haz el ejercicio siguiente y escribe lo que ocurre: durante cinco minutos, anota lo que no te gusta, lo que te irrita, lo que no encuentras normal... de tu pareja o compañero de trabajo.

Después, durante tres minutos, busca en tu interior exactamente todo lo que has anotado que te molesta del otro. Durante esos tres minutos, observa todos los pensamientos que surgen al respecto, todos los pensamientos que te dicen que tú no eres así... o cómo ofreces resistencia.

Haz este ejercicio varias veces con personas y situaciones diferentes.

¿Qué es lo que va a pasar? Vas a tener tendencia a sentirte víctima de esas personas en mayor o menor medida. Te das cuenta de ello gracias a frases del tipo: «Él es así, incluso su madre lo dice, no me queda otra, no puedo hacer nada frente a su carácter...».

O tal vez vas a sentir cierta satisfacción al constatar que tú no eres como esas personas, un poco como si estuvieras «por encima» de ellas.

O bien vas a constatar que tú también tienes algo de todo eso... La constatación no suele darse enseguida; tendrás que buscar un poco lejos, incluso en tu pasado.

Dite a ti mismo que si algo te irrita tanto es porque hace eco en ti. No podrás cambiar al otro. Huir de la situación no servirá de nada ya que te toparás con ella de una u otra forma.

Vamos también a hacer el ejercicio opuesto: piensa en alguien a quien admiras. Escribe por qué admiras a esa persona (cualidades, humor, realización personal, valentía...). A continuación, mira tu vida en retrospectiva y fíjate en si encuentras lo mismo en ti. A veces no lo vemos, pero dite a ti mismo que si sabes verlo en el otro es porque tú estás en resonancia. Está presente en ti, puede que de una forma que todavía no has visto, por ejemplo, en forma de deseo.

No operamos separados de los demás. Somos un eslabón de la cadena humana. Cuando reaccionamos ante alguien significa que existe un punto de resonancia en nosotros mismos, a veces sutil.

EL GERMEN DE LO QUE TE
ANIMA SE ENCUENTRA EN TI.
RIÉGALO PRESTÁNDOLE ATENCIÓN.
LO VERÁS CRECER, TE LO ASEGURO.
Y ESA FLOR TENDRÁ EL
COLOR DE TUS SUEÑOS.

VIVE TU VIDA A PARTIR DE TUS SUEÑOS, NO DE TU EGO

«No sabían que era imposible, así que lo hicieron».
Mark Twain

Somos campeones del control y la mentalización. Queremos entenderlo todo, pero existen campos donde eso no es posible. Los modelos de terapia que ofrecen el psicoanálisis y sus terapias derivadas se basan en esto. El esquema es un poco el siguiente: queremos comprender las causas, por lo que nos remontamos hasta diferentes traumas, sean de la importancia que sean. A continuación, aparecieron las terapias que incluyen el ámbito transgeneracional (conocido como psicogenealogía). El proceso es más o menos el mismo: buscamos las causas en la familia, a veces yendo bastante atrás en el tiempo... y no siempre con éxito ya que existen elementos que necesariamente no conocemos, y puede que tal vez no tengamos que conocer. Incluso aunque se trate de nuestros antepasados, también tienen derecho a su vida y a tener sus «secretos». Algunos llegan incluso a buscar en regresiones, y encuentran a veces explicaciones a su malestar que responden a supuestas vidas pasadas. Bastantes dificultades tenemos para conocer la «verdad» en nuestra vida actual..., y encima, incluimos fragmentos de conceptos tomados de diversas tradiciones que, de alguna forma, se contradicen entre sí. Al final nos quedamos siempre en el nivel de la causalidad y podríamos pasarnos la vida en él porque a veces podemos encontrar una causa, pero como habrá otras a su vez, nunca habremos terminado. De ese modo desperdiciamos nuestra vida y nos perdemos ser felices porque nos focalizamos en el pasado. Sé de lo que hablo porque yo también he actuado así.

Vivir en el pasado es la mejor manera de alejarnos de nuestros sueños. Tampoco digo que esos enfoques sean inútiles, ya que permiten sobre todo trabajar nuestra estructura psíquica, algo totalmente necesario en ciertos casos, pero llega un momento en el que nos tenemos que situar a nivel vibratorio para permitir que equilibrio y armonía entren en nuestra vida y nos abran las puertas de una dimensión universal.

A este nivel, existe un reajuste entre tú, tu Ser y el universo.

Conéctate a esta energía interior, a tus sueños, no a tu ego. El ego es todo lo que se rige por la voluntad de ser como se tiene que ser, para encajar con una determinada imagen... Es todo lo que te mantiene en las certezas cerradas, en los límites rígidos... Vivir la vida desde el ego es definirse desde el exterior.

La cuestión del tiempo

«La paciencia y el tiempo consiguen más
que la fuerza y la violencia».
Jean de la Fontaine, *El león y el ratón*

La cuestión del tiempo es hoy más que nunca un verdadero problema. Vivimos en la era de Internet, en la que circula una enorme cantidad de información a la cual podemos acceder desde cualquier parte y en cualquier momento. Todo ello conlleva por supuesto sus ventajas e inconvenientes. Por desgracia, tenemos también cierta tendencia a querer operar de la misma forma que Internet y a pretender que todo se arregle inmediatamente a nuestro nivel pero funcionando según viejos esquemas. Gran número de personas busca la técnica o el terapeuta milagrosos que las ayude a solventar todos sus problemas. Por desgracia eso no es posible, a menudo es momentáneo, nos quedamos en la superficie y la raíz sigue estando ahí. Desde mi punto de vista, la persona que te acompaña está ahí para iluminarte el camino, camino que ella misma ya ha recorrido.

Ella es la prueba de que es posible. Pero comoquiera que sea, el resto tienes que hacerlo tú. Cuando la dificultad se sitúa en la superficie, resulta rápido y fácil; no obstante, cuando se sitúa en lo más profundo, y ello sucede automáticamente en algún momento, requiere a veces más tiempo.

Pero volvamos a una lógica básica: el mundo no se hizo en un día. Tu gestación tampoco.

Incluso si hoy en día estamos adentrándonos cada vez más en la era cuántica y existe un enfoque diferente, cuántica no significa mágica. Significa que nos situamos más bien a un nivel global y sutil. Y en mi opinión, para que el trabajo sobre los diferentes planos sea verdaderamente eficaz, es absolutamente necesario que hagamos un trabajo interno de conciencia. Por supuesto, conciencia no a nivel mental exclusivamente, sino a nivel de Presencia, Presencia hacia uno mismo, los demás, el mundo, el universo.

Abordamos los diferentes planos, aunque nuestra sensibilidad no nos permita sentirlos. La conciencia que tenemos en términos de globalidad e interacción es fundamental. A partir de ahí, podemos entrar en zonas de apertura que nos permitan cambiar nuestra vida.

A veces los cambios también se producen a niveles que no percibimos aún de manera consciente. Se necesita un poco de tiempo para que todo ello salga a la luz.

Además, repito, ciertos cambios tienen lugar, pero no les prestamos atención porque no aparecen forzosamente en la forma en la que pensábamos.

Me he preguntado a menudo por qué he nacido en esta época, qué habría vivido si hubiera nacido en Oriente Medio o en cualquier otro país, si hubiera tenido otros padres. La cuestión del momento de la encarnación siempre me ha interesado.

Puede que tú también te hayas hecho ese tipo de preguntas. Lo que podemos constatar es que hoy vivimos en la era de Internet y que eso ha cambiado nuestras vidas. Los niños que nacen hoy están como peces en el agua en lo que a la Red o las aplicaciones se refiere, es como si lo hubieran conocido desde siempre. Para los demás, ha tenido que haber cierta adaptación. Con Internet y los sistemas informáticos hemos entrado en otra lógica. El enfoque es diferente. Si comprendemos la lógica, ese mundo se vuelve fácil. Con Internet hemos cambiado nuestros esquemas de funcionamiento. Para mí la era de Internet, aparte de la evolución a nivel tecnológico y material, representa la expresión de un cambio de paradigma en lo que a la humanidad se refiere.

Tal vez podamos hacernos una pequeña idea de lo que son las conexiones neuronales y las conexiones cuánticas gracias a todas las conexiones que Internet permite a nivel mundial.

No camines de puntillas, deja tu huella en el mundo

«Hay dos formas de ver la vida: una es crear que no existen los milagros, la otra es crear que todo es un milagro».
Albert Einstein

Sería una pena llegar al otoño de tu vida y que te dieras cuenta de que has pasado por el mundo de puntillas, sin hacer ruido. O peor aún, que el mundo y tú nunca os hayáis conocido. Esto es lo que ocurre cuando a tu vida le das con la puerta en las narices, cuando dejas de lado tus aspiraciones, tus sueños. Estás viviendo una vida de saldo. El mundo te está esperando. Solo espera que manifiestes lo que eres. Está esperando a que vengas a posar tus deseos a este gran campo de energía y que su huella quede marcada.

Nunca es demasiado tarde para invertir en tu vida plenamente, tengas la edad que tengas. Si tienes este libro entre tus manos, es probablemente lo que quieres hacer.

Así que ahora puedes elegir entre decirte: «Sí, es verdad, tiene razón», y aparcar este libro en una estantería de tu biblioteca, o bien que tu existencia se parezca a quien eres realmente y decidir ser la persona más importante de tu vida.

En este libro encontrarás no solamente todos los principios básicos para comprender el proceso, sino también elementos para ayudarte a conocerte y entender cómo funcionas con el fin de clarificar tus deseos y poner en marcha el procedimiento. Para terminar, además de los ejercicios intercalados en capítulos anteriores, te propongo una serie de ejercicios prácticos, de fondo, que te ayudarán en tu camino hacia una vida plena.

El mundo, el universo, te espera con los brazos abiertos. Puedes darle la espalda o ir hacia él. No lo dudes, ¡elige tener éxito en la vida y ser feliz!

Cuaderno práctico

EJERCICIOS QUE TE AYUDARÁN A
DAR UN AIRE NUEVO A TU VIDA

En esta parte del libro encontrarás una serie de ejercicios que puedes hacer en el orden que quieras en el transcurso de la lectura. Tómate tu tiempo, vuelve a hacer los ejercicios. Te acompañarán en tu proceso de transformación personal.

Aclara tus emociones

Te propongo un ejercicio que te ayudará a aclarar tus emociones tóxicas. Entiendo por tóxicas todas aquellas emociones que constituyen un obstáculo, que te impiden ir en la dirección que quieres.

★ Con la ayuda de la tabla siguiente, te invito a que pongas una nota de 0 a 10 a la intensidad de tus emociones. Cuanto más intensa sientas la emoción, más te acercas al 10.

Anota también, para cada una de ellas, el ámbito en el que tengas la impresión de que se expresan con más frecuencia.

Emoción	Escala de 0 a 10	Ámbitos en los que más la siento
Culpa		Las relaciones...
Vergüenza		
Miedo		
Tristeza		
Cólera		
Envidia		

Seguramente te preguntarás para qué sirve este ejercicio. Acuérdate de que te dije que el punto de inflexión era la aceptación.

Sin embargo, a menudo no soportamos estos aspectos de nosotros mismos que juzgamos como negativos y por tanto los rechazamos. Si los identificas, podrás eliminar los obstáculos que estas emociones generan.

★ En esta segunda parte vamos a trabajar la aceptación de esas emociones.

Aceptar significa dejar de luchar contra ellas. El ejercicio siguiente te ayudará en ese sentido.

- Aprovecha un momento de calma en el que sepas que no vas a ser molestado. Siéntate en una posición cómoda y cierra los ojos. Empieza a respirar lentamente y conecta con la emoción que te molesta. Visualízala delante de ti dándole la forma de algún objeto, un globo, por ejemplo. Continúa respirando tranquilamente conectando con esa forma. A continuación, toma una inhalación y cuando exhales deja que el globo (o el objeto que hayas elegido) se vacíe y vierta todo su contenido a la tierra como si se hubiera abierto una trampilla. Puedes volver a hacerlo dos o tres veces más, en función de cómo te sientas.

¿Qué va a pasar al hacer este ejercicio? Irás abandonando poco a poco esa lucha contra tus emociones, contra ti mismo, y verás que aparecerán con menos frecuencia y lograrás percibir las situaciones desde un ángulo diferente.

El tablero de visión

En este ejercicio vas a activar todos tus recursos positivos con la ayuda de imágenes.

Las imágenes son el soporte que te ayudará a conectar con tus sentimientos y, por consiguiente, con tu motivación para así activarla y cultivarla.

Para ello, puedes utilizar diversos soportes: tarjetas postales, fotos de revistas... Elígelas en función de lo que te evocan y conéctate a lo que esas imágenes te suscitan, como por ejemplo una sensación de tranquilidad.

Otro soporte que me gusta emplear es un tablero de visión. Puede confeccionarse con imágenes en papel, pero yo personalmente lo hago con un montaje de vídeo.

¿Cómo hacerlo? Lo primero, anota los ámbitos en los cuales quieras trabajar (el profesional, las relaciones, el financiero, la salud, las actividades de tiempo libre, futuros proyectos, la creatividad...).

- Crea un fichero en tu ordenador al que llamarás Tablero de Visión, y crea a su vez en su interior tantos ficheros como ámbitos hayas seleccionado.
- Métete en Internet, en Google Imágenes* o cualquier otra página web de fotos, y escribe las palabras clave de los temas que te interesan. Por ejemplo: *viaje*, *salud*, *pareja*...

---

* N. de la A.: Ten en cuenta que las imágenes, la música, los videos, etc. tienen autores que pueden haberse reservado los derechos de uso y distribución. Lo que hayas encontrado en Internet para uso privado no debe venderse ni ser distribuido públicamente de ninguna manera, ni siquiera en la Red, sin autorización.

- A continuación, escoge las fotos que más te gusten y copialas en tu fichero *Tablero de Visión*. No te censures, utiliza tantas fotos como quieras, no selecciones, copia todas aquellas que te inspiran.

Esta primera fase de trabajo va seguramente a llevarte tu tiempo, pero es importante.

- La fase siguiente consistirá en clasificar las fotos que te inspiran para cada ámbito y, finalmente, eliminar aquellas que no te gustan tanto, incluso ir a buscar otras si quieres perfeccionar el proyecto. Por ejemplo, para tu fichero de salud, si lo que quieres es dinamizarte, puedes ir a buscar fotos que evoquen una persona dinámica. Si la alimentación es importante para ti, puedes elegir una o dos fotos relacionadas con una alimentación equilibrada. Si en términos de tiempo libre lo que te gusta es la pintura, puedes seleccionar fotos que evoquen esta actividad.
- El paso siguiente consiste en montar tu propio video. Te aseguro que para ello no necesitas conocimientos específicos. Los programas de vídeo gratuitos de tu ordenador son suficientes para hacer tu tablero de visión. En el caso de Windows, puedes utilizar Movie Maker, y para Mac, iMovie.

Mientras editas el video puedes ponerle un título, insertar frases que te inspiren, incorporar las fotos que has seleccionado e incluir también fotos propias (por ejemplo de un lugar especial para ti, las fotos de tus hijos...). Para terminar de pulir el tablero de visión, puedes añadir a tu video una música o canción que te inspire. Evidentemente, este pequeño montaje es exclusivamente para tu uso personal, te ayuda a mantener en mente tus objetivos, a desarrollar tu motivación y afinar tus proyectos.

En general, la duración se sitúa en torno a los tres minutos si optas por un tablero de visión general (que reagrupa varios campos). También puedes hacer otro para desarrollar un ámbito específico.

Puedes añadir una o varias imágenes para cada ámbito, sé creativo.

¿Cuál es la ventaja de hacer un montaje de este tipo? Como ya he mencionado anteriormente, te ayudará a encontrar en ti mismo la dinámica correspondiente a aquello que deseas. Cada vez que lo veas en tu ordenador, iPod o teléfono, podrás conectar con esa energía de motivación que llevas dentro para que no te alejes de la dirección en la que quieres ir. Además, será una fuente de inspiración gracias a la combinación de las frases o citas que hayas puesto, las fotos seleccionadas y la música que te gusta.

Podrás verlo tantas veces como quieras para mantener el contacto con tu deseo y, sobre todo, cada vez que sientas que te desmotivas.

En mi caso, hago un tablero de visión cada año y cuando miro el del año precedente, veo que lo he mantenido y que los objetivos en los que había puesto mi atención se han materializado.

Es un bonito ejercicio y muy creativo.

Si el montaje de vídeo no te tienta, puedes hacer lo mismo con un cartón o papel grande en el que pegarás las imágenes que hayas recortado de revistas, a las cuales puedes añadir tus propias fotos.

En lo que respecta al tablero de visión, te comparto la experiencia de una persona que soñaba con trabajar como *coach* para una empresa de gran reputación. Para su tablero de visión anual, se procuró un póster del centro en cuestión e hizo un montaje en el que pegó su foto y su nombre. Un tiempo más tarde, conoció a la persona que le dio la oportunidad de trabajar en esa empresa.

Personalmente, desde hace tiempo tenía ganas de trabajar para una determinada empresa. Nada desde mi punto de vista me hubiera permitido proponer mis servicios, ya que no disponía de los diplomas que suelen abrir las puertas a ese tipo de lugares. Sin embargo, tuve la oportunidad de ir hasta allí «como clienta». Durante mi entrevista con la persona que me recibió, le hablé así de repente de mi deseo y de cómo veía mi intervención. Ella me sugirió que me presentara. Volví a casa relativamente desconcertada por lo que podría surgir como oportunidad y llamé a una amiga y colega *coach*. A pesar de su consejo de lanzarme, seguí posponiendo el paso a la acción, a pesar de mi deseo visceral.

Unos días más tarde, mi amiga me llamó y me preguntó si había enviado mi solicitud. Ante mi respuesta negativa, me contestó: «Te quedan dos días para hacerlo antes de que te vayas de vacaciones». Colgué e hice caso a mi deseo, desvinculándome del resultado. Me había atrevido a hacerlo y poco me importaba lo que pudiera suceder. Dos días después me fui de vacaciones y me olvidé de mi candidatura. Llevaba diez días de vacaciones cuando, al consultar mi contestador automático, escuché el mensaje del director en el que me pedía que lo contactara lo antes posible ya que estaba interesado en mi propuesta y tenía que cubrir el puesto... cuatro días más tarde. Siempre atenta a mi cuerpo y mis sensaciones, sentí inmediatamente un gran flujo de energía en el que algo entre el interior y el exterior se entrelazó. Tuve entonces la certeza de que si estamos conectados a nuestros deseos, existe una energía diferente que traspasa barreras.

Evidentemente, con los mecanismos del éxito estando aún en fase de estudio en lo que a mí respectaba, reflexioné sobre lo que había sucedido. El sueño que había albergado durante años se realizaba súbitamente. Tuve plenamente consciencia de que un deseo profundo tomaba forma.

Los soportes como el tablero de visión no son mágicos, se trata de una ayuda para activar una energía interior que puede dejarse como si fuera un piloto o lamparita. Simplemente echamos mano de mecanismos fisiológicos cerebrales. Este soporte no funcionará si tu energía principal no se basa en el deseo y la pasión. Del mismo modo, la misión del tablero de visión es guiarte hacia las direcciones en las que quieres ir sin dar detalles.

Retomar el camino de tus sueños

Como decía anteriormente, nuestros sueños se quedan a menudo en el plano de lo no real y adoptamos el camino del lánguido soñador que no tiene los pies en la tierra. Por desgracia, no siempre hacemos la correspondencia entre esos sueños abortados y nuestro malestar. A continuación, te propongo sumergirte en el mundo de tus sueños. Este ejercicio consta de tres partes:

Primera parte del ejercicio

Prepara tres folios (utiliza una hoja diferente para cada proposición) y escribe:

- Los sueños que tenías cuando eras pequeño (ser cantante, músico, bailarín, profesor...), los lugares que te gustaban (el mar, la casa de tus abuelos) y los cuentos que leías anotando lo específico de cada uno (el héroe que salía victorioso...).
- Los sueños que tenías durante tu adolescencia.
- Los sueños que tenías de joven adulto, cuando te fuiste de casa de tus padres.
- Los sueños específicos o de oficios que te habría gustado desempeñar si hubiera sido posible, si hubieras obtenido los diplomas necesarios...
- Los sueños que tenías y aún tienes en lo que respecta a tu vida amorosa y familiar.
- Los lugares que soñabas con visitar.
- Tus sueños secretos, irrealizables, inalcanzables...

A continuación, anota en cada hoja aquello que te ha impedido alcanzarlos. Puede ser objetivo o subjetivo.

Después escribe las creencias ligadas a las razones para no cumplir cada sueño. (Por ejemplo, si tienes un sueño que concierne a la relación de pareja, puede ser una creencia del tipo «soy demasiado mayor para encontrar a alguien»).

Segunda parte del ejercicio

Puedes hacer esta segunda parte seguida de la primera o esperar uno o dos días.

Tómate un tiempo de interiorización centrándote en tu respiración. No dejes que los pensamientos sobre lo que estás trabajando te invadan, vuelve tranquilamente al fluir de tu respiración

NO TENGAS MIEDO DE QUE TU VIDA TERMINE, SINO DE QUE NUNCA HAYA COMENZADO

como si fuera una ola que circulara por todo tu cuerpo. Haz esto durante aproximadamente cinco o diez minutos.

Toma unas cuantas hojas en blanco. Fíjate en lo que has escrito en las otras hojas y anota en cada nueva hoja:

★ En lo relativo a la fase de los sueños: aquello que aparece a menudo, todo lo común, el tipo de lugares que se manifiestan.
★ En lo relativo a los impedimentos: lo que es común y se repite.
★ En lo relativo a las creencias: aquellas que son del mismo tipo, y luego todas las demás con el fin de obtener una lista de todas las creencias que has mencionado.

Tercera parte del ejercicio

A menudo tenemos tendencia a querer solucionarlo todo nosotros solos, y la mayoría de las veces no funciona. Aunque este libro te ayuda a entender la dinámica que debes adoptar y te proporciona ejercicios para ayudarte a avanzar, es muy posible que necesites hacerte acompañar por una persona que sea competente en la realización de este tipo de trabajos. Nunca es una pérdida de tiempo, así que no dudes en hacerlo.

Esta fase aborda una manera de disolver las creencias. No es la única, afortunadamente. Tiene la ventaja de que se puede hacer fácilmente. Para ello, te sugiero un ejercicio de expresión creativa con la ayuda de un mandala. Es un enfoque que he desarrollado (y presentado en varios de mis libros) y que integro como herramienta adicional para este tipo de acompañamientos.

De manera resumida, el mandala es una forma que, por su estructura específica, nos permite conectar con las zonas más profundas de nuestro ser sin el filtro de la mente. Aquí voy a adaptar mi enfoque a este ejercicio en particular.

Vas a utilizar la página siguiente, ya sea reproduciéndola a mano o haciendo una fotocopia.

- En este primer diagrama (mandala), vas a plasmar todas tus creencias limitadoras, ya sea simbolizándolas mediante colores, dibujándolas de la manera que quieras o escribiendo simplemente en el interior dichas creencias. Primero rellena el espacio más grande y al final, colorea el círculo central.

Una vez hayas hecho este primer mandala de creencias, tómate un tiempo para centrarte en tu respiración. Con cada inspiración, establece mentalmente la intención de que la energía del universo llega hasta ti. Con cada exhalación, suelta todo lo que ya no te sirve. Haz esto durante un rato, entre diez y quince minutos.

Para terminar, toma la hoja de tu mandala y quémala en un lugar seguro.

- A continuación, utilizarás un segundo mandala, en el cual plasmarás tus sueños conectándote a esa energía que sientes cuando antes anotaste todo lo que era recurrente. Empieza por el centro, siempre conectado a esa energía, y después rellena la parte más ancha.
- No busques interpretar lo que haces, confía en el proceso que se está llevando a cabo. Fíjate únicamente en cómo te sientes.
- Una vez hayas terminado, puedes tomarte un tiempo para interiorizarlo.

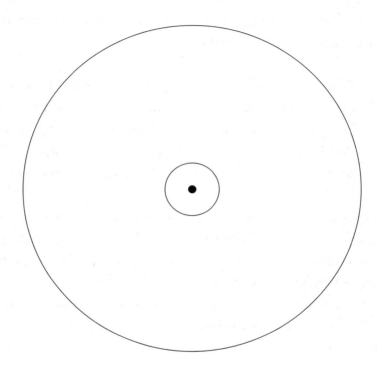

Primer mandala: el de tus creencias limitadoras

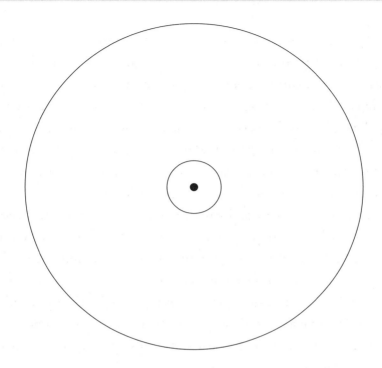

Segundo mandala: el de tus sueños

Los momentos mágicos

¿Sabías que cada vez que te fijas en tus frenos, y sobre todo cuando te dejas invadir por ellos, te estás dando por vencido? Te alejas de la parte más importante de ti mismo, esa que conduce la dinámica de tu vida. Incluso si en este momento estás atravesando un período de separación de ti mismo, no olvides que has tenido momentos en los cuales no ha sido así. Con el ejercicio siguiente te sugiero precisamente que te apoyes en esos momentos para volver a ti.

Escoge un momento tranquilo, eventualmente durante una relajación, y rememora momentos en los que has logrado algo. No olvides que el éxito no tiene por qué ser extraordinario a ojos de los demás. Puede tratarse de algo sencillo pero por lo que te sientas orgulloso, feliz, ya que correspondía a un deseo. Piensa en todos esos momentos en los que sentiste que te encontrabas conforme contigo mismo. Deja que esa sensación se impregne en ti. Percibe el bienestar que sientes, el estado interno de paz.

Haz este ejercicio de forma regular. No dudes en recurrir a esos recuerdos que te permiten enraizar recursos positivos en ti y que, sobre todo, te ponen en contacto con esos momentos a los que yo llamo «los momentos mágicos».

Los llamo así no porque se trate de magia, sino porque te unen a ese espacio tuyo de valor inestimable, de congruencia con tu energía interna de deseo y el exterior. Es en esta energía donde reside la magia.

Conectarte a este espacio, estar en esos momentos mágicos lo más a menudo posible, marcará la diferencia porque podrás unirte a la fuente que fluye en tu interior.

Mi diario de logros

Lo que harás en este ejercicio es escribir un diario, el de tus logros. Te lo vuelvo a recordar: eres la persona más importante de tu vida, así que te invito a que te compres una pequeña libreta o cuaderno, pero no de cualquier tipo, no un cuaderno de estudiante ni una vulgar libreta... Los hay verdaderamente magníficos en las papelerías.

A partir de hoy y **durante veintiún días**, vas a escribir cada día, preferentemente antes de irte a acostar, todos tus logros. Ya estoy viendo cómo relegas este ejercicio al olvido porque seguramente no quieras dejar tu vida cotidiana para dedicarte a conquistar podios. ¡Que no cunda el pánico! Situemos los logros a escala cotidiana.

Te pongo aquí algunos ejemplos de logros:

- Haber pagado tu factura de teléfono a tiempo.
- Haber entregado un documento a tiempo.
- Haber subido tres pisos a pie.
- Haber logrado decir lo que pensabas a tu jefe o un amigo.
- Haberte acostado más pronto.
- Haber resistido a la tentación de comer chocolate (o golosinas).
- Haber fumando dos cigarrillos menos.
- Haberte tomado el tiempo de ir a hacer deporte.
- ...

He seleccionado algunos ejemplos con los que me encuentro de personas a las que acompaño. Cuando no hacemos estas cosas, devoran nuestra energía. Sabemos perfectamente que es importante para nuestra salud y nuestro bienestar.

Cómo proceder: cada día, anota la fecha arriba del todo y a continuación haz una tabla con las columnas siguientes:

Fecha: .../.../...

Mi logro	Por qué es importante para mí	El paso siguiente	La acción que pondré en marcha	Mi palabra clave (palabra recurso)
He subido tres pisos a pie.	He hecho ejercicio y es bueno para mi salud.	Hacer más ejercicio.	Subir los tres pisos tres veces a la semana.	MOVERSE
He fumado dos cigarrillos menos.	Es bueno para mis pulmones.	Continuar fumando dos cigarrillos menos.	Aprender a respirar para oxigenar mis pulmones.	RESPIRACIÓN
He pagado mi factura de teléfono a tiempo.	Me evita pagar un recargo.	Pagar el resto de las facturas a tiempo.	Anotar advertencias en mi agenda para acordarme. Voy a hacerlo utilizando colores.	LIBERTAD

La práctica de este ejercicio durante veintiún días va a permitirte dos cosas. La primera es hacer que te focalices en tus logros y que los observes bien de cerca. La segunda es que al hacerlo durante veintiún días, vas a inscribir una nueva dinámica a nivel celular. Se dice que hacen falta veintiún días para que una nueva rutina se instale, es una cuestión de ritmo interno.

Reconciliación

Antes de saltarte este ejercicio, tómate la molestia de leer el preámbulo. En primer lugar, te aseguro que no se trata de perdonar a los demás sino... de perdonarte a ti mismo. Puede que ya de por sí no te gustara la idea de perdonar a los demás, así que esto es todavía peor. Reconozco que lo que te pido que hagas es un ejercicio difícil, puede que el más difícil de todos.

La frase que resume este ejercicio es un versículo de la Biblia, el segundo mandamiento, que dice «ama a tu prójimo como a ti mismo». Creo que muchos de nosotros obedecemos sin dificultad. En vistas de la violencia, las críticas y las miradas desaprobadoras que vertemos hacia los demás, ¡imagínate el amor que nos damos a nosotros mismos!

Si tuviéramos un poco de compasión por nosotros mismos, por quiénes somos, nuestra mirada hacia los demás sería seguramente mucho más empática.

¿Entiendes ahora por qué este ejercicio se articula en torno a ti y por qué es esencial para que restablezcas el nexo entre tú y tu Ser?

¿En qué se basa el ejercicio? Por una parte, en todo aquello que te frena. Cada vez que nos alejamos de nosotros mismos, que obedecemos a creencias limitadoras y que la insatisfacción sale a la superficie, alimentamos la cólera, los miedos... Al principio parece que es en contra de los demás, pero si te fijas bien, te darás cuenta de que cargas con una buena dosis de culpa por no haber podido responder a esto o lo otro, por no haber hecho esto o aquello, por haberte dejado engañar, por no haber estado ahí en su debido momento... Te echas la culpa por no haberte comportado de esta forma o la otra, en definitiva, por no haber sido perfecto (o al menos de la manera que tú crees que tiene que ser). En este ejercicio te desharás de toda la cólera, vergüenza y culpa que tienes dentro de ti.

Lo que debes comprender es que si reaccionaste así es porque no pudiste hacerlo de otra manera, lo hiciste lo mejor que pudiste en el momento en el que sucedían los hechos. Si hoy en día ves la situación de otra forma es porque el tiempo ha pasado y te permite ver todo desde otro punto de vista. En principio este punto de vista diferente es una evolución, una apertura, y se inscribe en el proceso de evolución de la conciencia.

Estos son los pasos que has de dar para perdonarte ti mismo: reconocer la emoción o el sentimiento que está ahí y aceptarlo. Observar tu sufrimiento y aceptarlo. Para terminar, durante una meditación o relajación (también puedes utilizar la técnica espiritual hawaiana del Ho'oponopono[*]), devolver todo ello al universo.

El perdón te permite estar en el momento presente; de otra forma te sitúas en el pasado y abordas el futuro a partir de ese pasado, así que es como el pez que se muerde la cola, le sigues dando vueltas a lo mismo. En cambio, cuando te sitúas en el presente, te abres un campo de transformación y de posibilidades infinitas.

- El alineamiento en el presente es un alineamiento con tu Ser.

Meditación para recobrar la armonía y la tranquilidad

Este ejercicio es el pilar de base para que te alinees con lo que eres, para aumentar tu intuición, para conectar con tus deseos... **Si solo pudieras hacer un ejercicio, sería este**, todos los días. Al principio durante cinco minutos para ir adaptándote y después vas

---

[*] N. de la A.: Puedes consultar mi libro *Ho'oponopono y sus beneficios para la vida cotidiana*, Ed. Sirio, 2020.

aumentando progresivamente hasta diez, quince y veinte minutos si te fuera posible.

Este ejercicio es la base de todos los ejercicios de meditación. No tienes necesidad de hacer ninguna visualización, solo tienes que estar atento a tu respiración.

La posición: aquellos que ya estén acostumbrados pueden utilizar su soporte de meditación habitual. El resto debe sentarse en una silla. Asegúrate de que tienes los pies apoyados sobre algo, bien sobre el suelo o sobre una manta o banquito si tu altura no te permite llegar con los pies hasta el suelo. Avanza ligeramente hacia delante de manera que tu espalda esté recta, sin tensión, y pon las manos sobre los muslos.

Si te es posible, cierra los ojos; si no, déjalos entreabiertos y fija tu mirada en el suelo delante de ti, sin mirar nada en especial.

En un primer momento, siente todo tu cuerpo empezando por los puntos de contacto de este con el suelo o soporte. A continuación, desplaza tu atención hasta los pies, las pantorrillas, las rodillas, los muslos, los glúteos y la pelvis, las caderas. Sube hacia arriba por la espalda, los hombros y la nuca. Siente la cabeza, el cuero cabelludo, la cara, el cuello, las clavículas y los brazos hasta el final de los dedos. Toma conciencia del pecho, del plexo solar, del estómago.

Céntrate ahora en tu respiración. Siente en qué lugar percibes su movimiento: el estómago, el pecho, la entrada a la nariz. Presta atención al movimiento de tu respiración. Si surgen pensamientos o emociones, es normal. Vuelve tranquilamente a tu respiración, tantas veces como sea necesario, con paciencia y cariño.

Al final de la meditación, tómate tu tiempo para retomar el contacto con el exterior escuchando los sonidos; después empieza a mover tu cuerpo lentamente, estírate y abre los ojos.

Durante estos momentos de meditación tendrás pensamientos, es totalmente normal. Esos pensamientos siempre han estado ahí, pero no los vemos ya que se pierden en el transcurso de nuestras actividades cotidianas. Durante la meditación, prestas atención a lo que sucede en tu interior y es por tanto normal ver lo que ocurre. Poco a poco los pensamientos irán apaciguándose. No tienes que hacer ningún esfuerzo de concentración para llegar a ello. Simplemente déjate guiar por tu respiración.

En mi página web (www.laurenceluye-taner.com) podrás encontrar recursos de audio gratuitos (*podcasts*) y videos sobre la respiración y los fundamentos de la meditación.

La perla de la ostra

Como te habrás dado cuenta, conocerte bien es el punto de partida para ir en la dirección de aquello que quieres. Imagina que deseas correr un maratón pero que tienes un problema de rodilla. Si no lo tienes en cuenta a la hora de organizarte, te arriesgas a que sea un fiasco. Saber dónde se encuentra tu dificultad te permite que no dejes que se convierta en un obstáculo que te impida avanzar, como suele ocurrir, sobre todo porque la rechazamos.

Toma una hoja y haz una lista de todo lo que no te gusta de tu personalidad. Pueden ser tanto cosas que has comprobado por ti mismo como cosas que te han dicho.

Por ejemplo, han podido decirte, cuando eras adolescente, que tenías mal carácter, lo cual te persigue en el tiempo. También has podido escuchar reflexiones del tipo «¡menudo carácter!», por lo que has concluido que tienes mal carácter, que no eres sociable... A menudo, lo que los otros llaman mal carácter es el hecho de que te posicionas, afirmas una opinión que es diferente.

Si es por ejemplo tu caso, anota en la primera columna: «Mal carácter» y en la de la derecha: «Capacidad de afirmación».

Siempre existen al menos dos maneras de ver una situación: el lado perturbador, que molesta, y el lado constructivo. Otro ejemplo, cuando te cuentan algo triste, te dan ganas de llorar. Rápidamente llegas a una conclusión del tipo «soy débil porque me emociono». En la columna de la izquierda pondrás entonces: «Debilidad», y a la derecha: «Comprensión, compasión».

Ejercicio sobre los pensamientos: el pensamiento «contrario»

Si sueles meditar, te darás cuenta de lo numerosos que son los pensamientos y de lo mucho que nos cuesta controlarlos. Son como una corriente que lleva a otra.

Lo que sí es cierto es que cuando son pensamientos agradables, como por ejemplo un proyecto apasionante que te entusiasme, todo va bien, te sientes bien. Sin embargo, cuando un grano de arena se cuela en el engranaje, los pensamientos negativos se encadenan unos tras otros. Y no solo tus pensamientos, tus emociones y tu forma de ver los acontecimientos también se ven afectados.

En este ejercicio, te invito a que trabajes el campo de tus pensamientos aplicando el *pensamiento contrario*. Es un método que aprendí cuando hice mi formación de yoga.

- La base del ejercicio es la siguiente: lo primero de todo, tomar conciencia de tus pensamientos sin juzgarte.
- A continuación, cuando te encuentres frente a un pensamiento restrictivo relativo a algo, como por ejemplo «no lo lograré nunca», aplica el pensamiento contrario, que sería «soy capaz de...».
- No hay nada mágico en ello porque aún existe otro paso en este ejercicio, que consiste en observar lo que ocurre en nuestro interior.
- Cuando te encuentres con el pensamiento «no lo lograré nunca», observa lo que sientes, estás en el nivel de las sensaciones.
- Cuando hayas instaurado el pensamiento «soy capaz», observa lo que ocurre, lo que ha cambiado en ti. Es esta sensación la que importa.

Si estás verdaderamente atento, quizás también te darás cuenta de que afrontas las cosas de manera diferente, como si encontraras soluciones, como si una nueva energía llegara hasta ti. Algunos lo notarán más rápidamente que otros. No te desanimes, continúa haciendo el ejercicio.

Este ejercicio se practica en tu día a día, siempre estando muy presente a lo que ocurre en tu interior. En este estado de presencia, notarás que hay un tipo de pensamientos que aparecen de forma recurrente asociados a un determinado tema. Identifícalo. Una vez hecho, ya estás en terreno conocido, el perímetro se ha acortado y puedes trabajar de forma eficaz.

Trabajar de forma eficaz no significa que el cambio sea inmediato, pero puedes ser mucho más específico. Cada vez que hagas algo y pienses en ese ámbito, que notes que tienes ese tipo de pensamiento, ahí es donde aplicarás el pensamiento contrario.

Al principio verás que, efectivamente, ese tipo de pensamiento desaparecerá... solo para volver casi de forma inmediata. Pero no concluyas precipitadamente que no funciona. Sigue haciéndolo. Más adelante verás que detectas estos pensamientos mucho más rápido y que interiormente los frenas. Finalmente, poco a poco sentirás mejor la energía del pensamiento opuesto en términos de emociones. Conseguirás anular este tipo de pensamientos limitadores en la situación en la que se presentan porque estarás conectado a la otra polaridad.

No es raro que este ejercicio, si se hace bien, te lleve a tener tomas de conciencia porque, si cultivas este tipo de pensamientos, es porque están necesariamente ligados a otra cosa.

Quiero precisar que este ejercicio no tiene que ver con el pensamiento positivo. Funciona de manera diferente.

Activa aquello que te inspira

A menudo caemos en la trampa de fijarnos en lo que va mal, en todo aquello que no logramos. Sin embargo, solemos pasar totalmente por alto todo aquello que nos inspira porque apenas nos dignamos a echarle un vistazo. En este ejercicio, te invito a que te pares a pensar en lo que te inspira y dejes que te alimente.

Lo que te inspira es todo aquello que encuentras bello, todo lo que te provoca admiración, reconocimiento, motivación, alegría...

Empecemos por el principio. No busques forzosamente grandes cosas. Hay seguramente lugares que te gustan, a los que vas o has ido y que te inspiran. Te inspiran porque te generan paz, porque evocan recuerdos felices. Tómate el tiempo de hacer una lista de todo ello, incluso si se trata de pequeños detalles.

Tómate tu tiempo para conectarte a los recursos internos que nutren tu energía creativa.

Pasemos ahora a otros ámbitos.

A nivel profesional, ¿qué personas te inspiran? Haz una lista. Puede que se encuentren en tu entorno profesional, en tu familia, pero también fuera. Puede tratarse de actores, deportistas, etc.

¿Cuáles son las acciones que encuentras inspiradoras? Haz una lista.

¿Qué lugares te inspiran?, ¿a dónde te vas para regenerarte?, ¿tienes la oportunidad de ir? Si no es así, tal vez puedas conseguir una foto y ponerla en tu despacho, o en tu pequeño espacio personal, en algún sitio donde la puedas mirar tranquilamente. Puedes incluso añadirla a tu tablero de visión.

En lo que a mí concierne, siempre he soñado con ir al Sáhara. Tenía libros sobre ese lugar y postales que rodeaban toda mi mesa de trabajo. Hasta el día en el que hice mi sueño realidad. Además de lo que las numerosas estancias me han aportado a nivel personal y espiritual, me han permitido por otro lado escribir un libro sobre mi experiencia en el desierto y poder volver a sentir, casi a diario, la memoria interior de calma, silencio y profundidad. Es un lugar en el que he escrito mucho y por tanto me conecto a menudo con ese espacio interior cuando escribo.

A nivel humano, ¿qué valores te inspiran?, ¿a qué personas u obras los asocias? Una manera de empezar a ir en ese sentido sería afiliarte a una asociación que transmita dichos valores (por ejemplo, ayudar a niños de países desfavorecidos a que continúen con sus estudios, ayudar a mujeres de ciertos países a crear sus cooperativas, etc.). No pienses que no es nada, es un primer paso.

Finalmente, una vez que hayas hecho todas estas listas, tómate un tiempo para observar lo que sucede en tu interior cuando te conectas a todo eso. Tómate el tiempo de respirar en esas sensaciones y dejarlas circular por todo tu cuerpo como si se tratara de la savia de un árbol.

Las limitaciones personales

¿Te has dado cuenta de que tus limitaciones crean tu realidad? Tu realidad es todo aquello en lo que evolucionas, el modo en el que actúas. Está constituida de juicios que tienes sobre ti y sobre los demás, de la forma en la que afrontas el mundo, de tus creencias... Cambia tus creencias, verás el mundo de manera diferente y tu realidad cambiará.

¿Cuáles son tus limitaciones?

1. Fíjate en las afirmaciones en las que te reconoces de la lista siguiente.

   • Piensas que, para evolucionar y avanzar en tu vida, necesitas comprender, encontrar una causa.

- Piensas que no tienes intuición o que no sabes acceder a ella.
- Piensas que hay que trabajar duro.
- Piensas que a tu edad ya no puedes ....
  ....
- Piensas que los demás no cambiarán nunca.
- Piensas que vivimos en una época complicada.
- Piensas que nunca podrás salir de...
- Desde tu punto de vista, no se puede cambiar.

2. Continúa la lista con otras ideas que te vengan. Para completarla, añade también todo aquello que te parece justo e injusto, todo aquello que piensas que es correcto e incorrecto, todo lo que debería ser y todo lo que no, para todos los ámbitos de la vida.
3. Una vez hayas escrito todo eso, tómate un tiempo para interiorizarlo y toma conciencia de que todo ello representa juicios que son subjetivos. Algunos los has establecido tú, otros son heredados que a menudo han sido a su vez también heredados.
4. Siéntate, céntrate en tu respiración y, tranquilamente, cuando sientas que cierta calma interior se ha instalado, deja partir con cada espiración todas aquellas limitaciones que no necesitas. Focalízate únicamente en la intención, no incluyas tu mente ni tu voluntad en el proceso. Lo que esté listo para irse, se irá.

El dinero y yo

Este ejercicio te permitirá identificar tus limitaciones financieras.

Como ya he mencionado anteriormente, el dinero es una energía ligada a nuestra dinámica interna. Está ligada a la dinámica de la carencia y la abundancia.

En este ejercicio te invito a que localices ciertos puntos sobre tu relación con el dinero:

- ¿Cómo consideras tu relación con el dinero, fluida o conflictiva?
- ¿Prefieres pagar en efectivo, con tarjeta bancaria o por cheque? ¿Cuáles son las razones?
- ¿Piensas que si pagas impuestos es porque tienes dinero?
- ¿Revisas tu presupuesto de forma regular?
- ¿Sabes exactamente cuánto dinero necesitas y en qué te lo gastas?
- ¿Incluyes tiempo libre y pequeños placeres dentro de tu presupuesto?
- ¿Estás a menudo en números rojos?
- Si estás en pareja, ¿cómo se reparte vuestro presupuesto?
- Cuando tienes que comprar algo, ¿lo consideras un gasto o una inversión?

Ahora te invito a que te fijes en tus creencias en lo relativo al dinero.

Teniendo en cuenta la lista precedente, ¿qué creencia o manera de operar sacas en claro?

¿Qué tipo de creencias tienes?:

- Los comerciantes son unos ladrones.
- Todos los que tienen dinero es porque lo han conseguido de forma deshonesta.
- Ganar mucho dinero es una vergüenza.
- Nunca he tenido suerte en lo que al dinero se refiere.
- El dinero y yo estamos enfadados.
- El dinero no me interesa.
- No soy un hombre/una mujer de negocios.
- No tengo espíritu emprendedor.
- Me gustaría montar mi propia empresa, pero no sé cómo hacerlo.
- Tengo miedo de no tener suficientes clientes.
- No quiero volverme tacaño.
- Los ricos son tacaños.
- En mi familia siempre hemos sido pobres.
- No pertenezco al mundo de los ricos, soy demasiado diferente.
- ¿De qué sirve tener dinero si todo se lo lleva el Estado?
- Nunca he conseguido ahorrar porque siempre surge algún imprevisto.
- No puedo ganar más de .... (escribe la suma) porque ...
  ....
- Cuando uno se vuelve rico, pierde su alma.

Pero ¿por qué revisar tus creencias? Porque revelan tus valores, tu visión del mundo y sobre todo porque ponen de manifiesto tus frenos. Una parte de ti se las arregla para obedecer tus creencias, de forma inconsciente por supuesto.

Por ejemplo, si deseas tener éxito en los negocios pero en tu familia existe la creencia de que los comerciantes son unos ladrones, o que los que tienen dinero es porque lo han conseguido de forma deshonesta, entonces tendrás dificultades para triunfar porque estas creencias constituirán un freno. Te hará falta identificarlas y liberarte de ellas para ir en la dirección que deseas.

Me acuerdo de una amiga que se quejaba todo el tiempo de no tener suficiente dinero. Un día, delante de un escaparate, me dijo: «¿Te das cuenta de todo el dinero que deben de ganar vendiendo a esos precios?». Le señalé que nunca podría tener suficiente dinero si criticaba constantemente a la gente que tenía. De repente se dio cuenta de que ella misma se ponía frenos.

¿Cómo concibes tus sueños?

Este ejercicio te ayudará a reconectarte con tu creatividad.

La cuestión consiste en saber cómo es la vida de tus sueños. ¿Sueñas a lo grande o te conformas con poco?

La creatividad está directamente relacionada con los sueños. Tu creatividad es el motor de tu vida. A menudo la asociamos a aspectos artísticos, pero en realidad está íntimamente ligada a los sueños y deseos y a su activación y manifestación.

Rememora los sueños que tienes y escríbelos. ¿Qué es lo que te impide realizarlos? Anota todos los motivos. ¿Qué es lo que te impide dirigirte hacia tus sueños?

Si se realizaran, ¿qué es lo que cambiaría en tu vida?, ¿qué ganarías?, ¿qué perderías?

Escribe todo ello de manera que puedas transformar todos tus frenos.

Otros libros de Laurence Luyé-Tanet

B.a.ba de l'oracle Belline, Pardès, 2003.

Mandala fil de vie vers son expression créatrice, Dangles, 2007.

Affaires de femmes, mais pas seulement, Regain de lecture, 2007 (Premio de Primavera de Tours – Salón del libro en femenino – Relatos).

Comprendre ses rêves, col. «Les p'tits lus», Eyrolles, 2009.

Méditation, art de vivre au quotidien, col. «Du côté de ma vie», Eyrolles, 2010 (libro + CD).

Mandala au fil des saisons, Dangles, 2011.

Ho'oponopono y sus beneficios para la vida cotidiana, Ed. Sirio, 2020.

Ma leçon de yoga. Retrouvez harmonie et énergie en cours, chez vous ou au bureau!, Eyrolles, 2013.

Se ressourcer avec le Mandala, «Les cahiers harmonie», Solar, 2013.

Colaboración en *Psychopathologie de l'expression et art-thérapie* para el artículo «Approche en expression créatrice: mandalas et écriture», UFR de psicología de Toulouse-Le-Mirail, L'harmattan, 2014.

Apaisez votre esprit par la méditation, Dangles, 2015.

Abc de l'EFT, libérez-vous de votre stress, Grancher, 2017.

Mémoire des murs, des personnes et des lieux, Editions Exergue, 2019.

Votre bonheur à portée de mains, les clés pour déverrouiller votre vie, Dunod, 2022.

Notas personales

....
....
....
....
....
....
....
....
....
....
....
....
....
....
....
....
....
....
....
....
....
....
....
....
....
....

Notas personales

Notas personales

....
....
....
....
....
....
....
....
....
....
....
....
....
....
....
....
....
....
....
....
....
....
....

Notas personales

Notas personales

Notas personales